십자가는 무엇을 성취하였나

개혁된실천사
기독교 고전 소책자

What Did the Cross Achieve?

Copyright © 2023 Crossway

Published by Crossway, a publishing ministry of Good News Publishers
Wheaton, Illinois 60187, U.S.A.

This edition published by arrangement with Crossway through
rMaeng2, Seoul, Republic of Korea. All rights reserved.

This Korean Edition Copyright © 2024 by Reformed Practice Books,
Seoul, Republic of Korea

십자가는 무엇을 성취하였나

지은이   J. I. 패커

옮긴이   조계광

초판 발행 2024. 9. 2.

등록번호 제2018-000357호

등록된 곳 서울시 서초구 서초중앙로24길 55, 401-2호

발행처   개혁된실천사

전화번호 02)6052-9696

이메일   mail@dailylearning.co.kr

웹사이트 www.dailylearning.co.kr

책값은 뒤표지에 있습니다.
ISBN 979-11-89697-56-3 02230

기독교 고전 소책자 05

십자가는 무엇을 성취하였나
What Did the Cross Achieve?

J. I. 패커 지음 | 조계광 옮김

개혁된실천사

목차

나는 '짐,' 즉 제임스 패커와 개인적인 친분을 쌓는 특권을 누렸다(그는 내게 자신을 '짐'이라고 불러달라고 말했고, 다른 많은 사람도 그를 그렇게 불렀다). 내가 그를 알게 된 때는 그가 고든 콘웰 신학교에서 강의를 하던 1984년이었다. 어느 날, 수업이 끝나고 나서 그가 식당에 혼자 있는 것을 본 나는 인사를 건네며 혹시 집에서 만든 음식을 좋아하느냐고 물었다. 그는 반색하며 그렇다고 대답했다. 나는 즉시 아내에게 연락했고, J. I. 패커를 집으로 데려가 함께 저녁 식사를 했다.

짐 패커는 강의실에서 "내 이름은 패커(짐 꾸리는 사람)이고. 나의 놀이는 패킹(짐 꾸리기)입니다."라고 자신을 소개하곤 했다. 그 말은 학생들이 풍부한 지식을 쌓을 때까지 강의 내용과 독서 과제를 알차게 꾸려나가겠다는 의미였다. 그는 재능이 뛰어난 성경 교사이자 개혁주의 신학의 대중화를 이끌었던 대표적인 인물이었다.

1960년대, 1970년대, 1980년대에 성년이 된 그리스도인들 가운데는 J. I. 패커를 가장 중요한 신학자이자 최고의 신학 교사로 생각하는 사람이 많았다. 그는 우리에게 역사적 기독교를 알려준 안내자였다. 속죄와 성경의 권위를 비롯한 다양한 주제에 관한 그의 견해는 신학적으로 신중하면서도 대중적인 내용을 갖춘 글들을 통해 표출되었다. 나는 해결해야 할 특정한 쟁점들이 있을 때면 종종 그의 책들을 참조했고, 다른 사람들에게도 그것들을 나

뉘주어 도움을 받게 했다. 《근본주의와 하나님의 말씀(Fundamentalism and the Word of God)》, 《복음주의와 하나님의 주권(Evangelism and the Sovereignty of God)》, 《그리스도의 죽음 안에서 사망의 사망(The Death of Death in the Death of Christ)》는 우리 세대에 속한 많은 사람들이 읽었던 최초의 진지한 신학 서적들이었다. 물론, 패커의 모든 재능을 유감없이 보여준 대표작은 그의 베스트셀러인 《하나님을 아는 지식(Knowing God)》이었다.

짐 패커는 항상 다정하고, 친절하고, 유쾌했다. 그의 정신은 늘 활기를 띠었고, 개념들의 의미를 숙고할 때는 특히 더 그랬다. 그는 종종 학생들이나 친구들이 하는 말에 어떤 의미가 함축되어 있는지를 깨닫도록 도와주었고, 심지어는 그들이 미처 의도하지 않았던 의미까지도 일깨워주곤 했다. 그는 그럴 때마다 종종 소크라테스의 대화법과 같은 자극적인 질문을 던지는 방식을 사용하곤 했다.

이 책은 본래 케임브리지 틴데일 하우스에서 개최된 "연례 틴데일 성경 신학 강연회"에서 이루어진 강연이었다. 패커는 이 강연에서 그리스도의 죽음과 그것이 지니는 속죄의 의미를 깊이 있게 파헤쳤다. 그는 특히 그리스도인들과 신학자들이 역사 대대로 "형벌적 대리 속죄(penal substitution)가 속죄(atonement)의 한 측면인가, 아니면 그 핵심인가?"라는 질문을 어떻게 다루어왔는지에 관심을 기울였다. 그는 그것이 속죄의 핵심이라고 결론지었다. 나는 그의 결론이 옳다고 생각한다.

패커는 그 교리를 경시했다는 이유로 이따금 비판을 받기도 했지만, 그의 강연은 그의 입장을 명확하게 드러낸 분수령이 되었다. 그는 "십자가는 무엇을 성취했는가?"라고 묻고 나서 형벌적 대리 속죄(penal substitution)를 축소하거나 훼손하는 비판들을 직접 다루었다. 일부 학자들은 형벌적 대리 속죄를 신약성경 저자들이 언급한 속죄(atonement)의 다양한 이미지(images) 가운데 하나로 간주했지만(그들은 그것을 속전이나 승리와 같은 개념들과 동등한 것으로 여기거나 심지어는 그보다 더 못한 것으로 간주한다), 패커는 그리스도의 속죄의 죽음이라는 현실을 묘사하는 데 사용된 다른 모든 개념에 형벌적 대리 속죄가 전제되어 있다고 논증했다. 그의 결론은 형벌적 대리 속죄가 일련의 이미지들 가운데 하나가 아니라 그 핵심이라는 것이다.

이 책이 크로스웨이 출판사를 통해 다시 출판되게 되어 참으로 기쁘다. 이 책은 읽을 만한 충분한 가치가 있다(전에 읽었더라도 또 읽어도 좋다). 이 책은 비록 짧지만, 그리스도께서 이루신 놀라운 구원 사역에 관한 진리로 '꽉꽉 채워져' 있다.

읽고, 놀라워하라!

마크 데버,
워싱턴 DC "캐피톨힐 침례교회" 담임 목사

존 파이퍼는 언젠가 책이 아니라 단락이 사람을 변화시킨다고 썼다. 가장 위대하고 가장 강력한 기독교 메시지 중 일부는 가장 간결하고 가장 손쉽게 접근할 수 있는 형태를 띤다. 고백적 기독교의 큰 물줄기 안에는 시간을 초월하는 가치를 갖는 수많은 설교, 에세이, 강의, 그리고 짧은 글들이 포함되어 있는데, 이러한 것들은 교회사 전체에 걸쳐, 그리고 전 세계에 걸쳐 수많은 신자들에게 도전과 영감을 주고, 삶의 열매를 맺게 했다.

이 시리즈는 두 가지 목적에 기여하고자 한다.

첫째, 이들 짧은 역사적 글들을 고품질의 종이책으로 보존하고자 한다. 둘째, 이들 작품들을 새로운 세대의 독자들에게 전달하고자 한다. 우리는 두꺼운 책에 별로 흥미를 느끼지 않고, 두꺼운 책을 읽지 않을 독자들을 특히 염두에 두고 있다. 오늘날 끊임없이 움직이는 세상 속에서 무언가에 집중하는 것은 점점 더 어려워지고 있다. 이런 상황 속에서 쇼트폼 콘텐츠는 특별한 가치를 지닌다. 이 시리즈의 간결한 책들은 복음 중심적인 은혜와 진리를 기민하게 제공한다. 이 시리즈는 독자들에게 영혼의 양식이 되며, 공부 의욕을 불러일으키는 대표적인 저작들을 접근가능한 형태로 제공함으로써 위대한 신앙의 영웅들을 소개해주길 희망한다. 성령께서 이 짧은 작품들을 사용하여 여러분의 관심을 사로잡아 여러분의 영혼에 복음을 알려 주시고, 여러분이 교회사의 보물 상자를 계속해서 탐구

하게 하시길 기도한다. 이를 통해 그리스도 안에서
하나님이 영광과 찬송을 받으시길 빈다.

제임스 인넬 패커(James Innell Packer, 1926-2020)는
영국에서 태어났다. 그는 어린 시절에 머리를 심하
게 다치는 바람에 스포츠 활동을 마음껏 즐길 수가
없었다. 책을 위안거리로 삼은 그는 자신의 지적인
재능을 발견했고, 옥스퍼드 대학교에 다닐 무렵에
회심하고 그리스도인이 되었다. 그는 그러고 나서
얼마 지나지 않아 청교도들의 글을 접하게 되었다.
그 청교도들의 글은 성경의 신뢰성, 애정(affections)
의 참된 변화, 거룩함을 향한 열렬한 추구 등을 강
조했는데, 그런 글들이 패커의 신학과 삶을 형성

했다.

　패커는 기독교 교육 활동에 종사하면서 소규모의 복음주의 잡지에 신앙의 기본 진리를 다룬 일련의 글들을 게재했다. 그 글들이 확장되고, 개작되어 당대의 가장 유명한 개혁주의 기독교 도서 가운데 하나가 된《하나님을 아는 지식》으로 나타났다. 패커는 그 책을 통해 영향력 있는 신학자이자 교사의 반열에 올랐다. 그의 교육과 저술 활동의 영향력은 점차 더 커졌고, 그 결과로 그는 성경의 무오성과 은혜의 교리를 옹호하는 가장 중요한 복음주의자 가운데 하나로 부상했다. 그의 다채로운 경력 가운데는 다수의 출판물, 〈크리스천 투데이〉 수석 편집자, 〈영어 표준역 성경(ESV)〉 편집 주간, 리젠트 칼리지 교수 등이 포함되었다.

　패커는 명료한 사고와 예리한 통찰력 덕분에 20세기에 개혁주의 신학을 가장 효과적으로 대중화

시킨 인물 가운데 한 사람으로 우뚝 섰다. 이 책은 1973년에 틴데일 하우스 강연회에서 행해진 강연을 바탕으로 하며, 패커의 신학적 재능은 물론, 교리와 기독교적 삶을 연관시키는 그의 뛰어난 능력을 여실히 보여준다. 그의 노력은 오늘날의 시대 속에서 청교도의 사역을 수행하고 있는 한 세대의 개혁주의 목회자와 신학자들을 양성하는 데 크게 이바지했다.

십자가는
무엇을 성취했는가

이 강연의 목표는 전 세계 복음주의 진영의 일반적 특징에 해당하는 신념, 곧 십자가가 형벌적 대리 속죄의 성격을 지닌 덕분에 인류가 구원을 얻을 수 있는 길이 열렸다고 믿는 신념을 설명하는 것이다. 내가 이런 시도를 하게 된 이유는 두 가지다. 첫째는 형벌적 대리 속죄의 의미가 항상 원하는 대로 정확하게 진술되지 않는 까닭에 비평가들의 오해와 비웃음을 사기 쉽기 때문이다. 나는 할 수만 있다면 그런 오해를 막고 싶다. 둘째는 나도 이 신념이 기독교 복음의 핵심이라고 믿는 사람들 가운데

하나이기 때문이다. 분석과 논증을 통해 나의 확신을 널리 전할 기회가 주어져서 참으로 기쁘다.[1]

나의 논의는 다음과 같이 전개될 것이다. 첫째, 방법론과 관련된 몇 가지 문제를 명확하게 정리해 나의 의도를 분명하게 드러낼 것이다. 둘째, 그리스도의 죽음을 '대리적'(substitutionary)이라고 일컫는 것이 무슨 의미인지를 살펴볼 것이다. 셋째, 그리스도의 대리적 고난(substitutional suffering)을 '형벌적'(penal)으로 일컫는 의미를 좀 더 파헤칠 것이다. 넷째, 마지막으로는 나의 분석이 신빙성 있는 주석학적 견해와 충돌하지 않는다는 점을 밝힐 것이다.

---

1. 편집주 : 가독성을 높이기 위해 패커가 붙인 본래의 각주 숫자를 적절하게 줄였다.

신비와 모형

역사적 탐구 과정을 거치지 않은 신학적 주제는 없
다. 따라서 역사를 고려하지 않으면 엉뚱한 방향으
로 편협하게 치우칠 가능성이 매우 크다. 형벌적
대리 속죄를 비판하는 견해는 그런 식의 엉뚱하고
도 편협한 시각을 드러낼 때가 많다. 이 주제와 관
련된 중요한 역사적 사실은 두 가지다. 첫째는 루
터, 칼빈, 쯔빙글리, 멜랑히톤을 비롯한 동시대의
여러 종교개혁자가 선구적으로 이 개념을 주창하
였다는 것이고, 둘째는 일신론자이자 펠라기우스
주의자였던 파우스트 소시누스가 1578년에 《구원
자 그리스도에 관해(*De Jusu Christo Servatore*)》라는
논쟁적인 책에서 이 개념을 논박한 논증이 그 후로
줄곧 논의의 중심을 차지해 왔다는 것이다. 종교개
혁자들의 주장은 십자가에 관한 중세의 주된 견해

인 '만족설(*satisfactio*)'을 재정의하는 것이었다. 중세의 논의를 결정지은 안셀무스의 《하나님은 왜 인간이 되셨는가(Cur Deus Homo)》는 그리스도의 속죄를 우리의 죄에 대한 보상이나 하나님의 명예를 훼손한 것에 대한 배상으로 간주했다. 하지만 종교개혁자들은 그것을 하나님의 거룩한 율법과 진노(징벌적 정의)의 요구를 충족하기 위해 우리 대신 형벌을 받는다는 개념으로 이해했다. 소시누스는 이를 불합리하고, 부도덕하고, 온당치 않고, 불가능한 개념이라고 비난했다. 그는 용서를 베푸는 것과 만족을 얻는 것은 서로 개념이 전혀 다르고, 죄인의 형벌을 무죄한 자에게 전가하는 것은 정의에 부합하지 않으며, 한 사람의 일시적인 죽음이 많은 사람의 영원한 죽음을 대신할 수 없다고 주장했다. 그는 대리 속죄로 완전한 만족이 가능하다면, 우리에게 계속해서 죄를 지을 수 있는 무한정한 자유가 주어질 수밖에 없다는 논리를 폈다. 하나님은 회개 외에는 그 어떤 보상도 요구하지 않고 용서를 베푸신다는 신념 하에 전개된 신약성경의 구원론에 관한 소시누스의 설명은 설득력이 약하고, 분명치 않았기 때문에 큰 영향을 미치지 못했다. 그러나 그의 고전적인 비평은 중요한 의미를 지니는 것으로 드러났다. 다시 말해, 그의 비평은 무려 한 세기 이상 종교개혁의 견해를 주창하는 사람들의 관심을 사로잡았을 뿐 아니라 그 견해에 반대하는 합리주의적인 편견의 전통을 확립함으로써 그것을 둘러싸고 오늘날까지 이어져 온 논쟁을 형성하는 데 효과적으로 기여했다.

소시누스의 비평은 개혁파 학자들에게 최면을 거는 듯한 영향을 미쳤으며, 그 결과는 대체로 바람직하지 못했다. 그들은 그것 때문에 자신들의 입장을 뒷받침하는 다양한 요소를 한데 묶어 진술하는 이성적인 능력을 발전시키는 좋은 기회를 맞이했지만, 도전자의 방식, 곧 하나님을 마치 인간인 것처럼 진술하는 소시누스의 방식을 그대로 빌려 반론을 펼치는 잘못을 범했다. 구체적으로 말해, 그들은 하나님을 16, 17세기의 군주, 즉 자신의 국가 안에서 입법과 사법의 수장으로 군림하면서도 기존의 법률과 사법적인 관행을 존중해야 하는 존재로 묘사했다. 그 결과, 루이스 벌코프의 주해(1938)에 이르기까지 모든 주해들 안에서 갈보리의 하나님은 소시누스가 종교개혁의 견해 가운데서 발견했다고 주장하는 도덕적이고, 율법적인 착오들을 잘 피해 가는 방식으로 제시되었다. 그러나 그런 논증들은 아무리 능숙하게 전개되었더라도 근본적인 약점들을 안고 있었다(그런 논증가 가운데 두 사람을 예로 들면, 프란시스 튜레틴과 A. A. 하지를 들 수 있다).[2] 그들의 태도는 선언적이라기보다는 방어적이었고, 찬미적이고 선포적이라기보다는 분석적, 변증적이었다. 그들은 십자가라는 용어를 믿음의 고백이 아닌 수수께끼처럼, 곧 복음이 아닌 퍼즐처럼 보이게 만들었다. 그래서 어떻게 되었을까? 그 결과는 이랬다. 개혁파 신학자들은 소시누스주의의 합리주의를 극복하려다가 그것의 전제적 개념(하나님이 이루신 화목의 사역과 관련된 것은 무엇이든 동시대의 법률적, 정치적 사고의 세계에서 빌려온 신적 통치에 관한 자연신학의 관점에서 온전히 설명될 수 있어야 한다는 개념)을 용인하고 말았다. 그들은 자신들이 합리적이라는 것을 보여주려고 노력하다가 결국에는 합리주의자처럼 되어버렸다. 다른 것과 마찬가지로 이 문제와

---

2. Francis Turretin, *Institutio Theologiae Elenchticae Geneva* (1682), 2:xiv; A. A. Hodge, *The Atonement* (London: Nelson, 1868). 튜레틴의 입장은 다음의 자료에 잘 요약되어 있다. L. W. Grensted, *A Short History of the Doctrine of the Atonement* (Manchester: Manchester University Press, 1920), 241-52.

관련해서도 이미 17세기에 방법론적인 합리주의가 개혁주의의 꽃봉오리 안에 벌레처럼 숨어 있다가 그 후 200년 동안 신학이라는 꽃을 크게 시들게 만드는 결과를 초래했다.

나는 속죄(atonement)에 관한 개혁파의 견해의 본질적 올바름에 의문을 제기할 생각은 조금도 없다. 앞으로 알게 될 테지만, 나는 오히려 그것을 확증할 생각이다. 하지만 지금까지 언급한 것과 같은 지성적인 방법론은 분명하게 거부하고, 더 나은 방법론을 찾는 것이 중요하다. 나는 다음 두 질문에 대답함으로써 내가 보기에 더 건전해 보이는 방법론을 권하고 싶다. (1) 그리스도께서 십자가를 통해 이루신 업적에 관해 우리는 무엇을 알 수 있는가? (2) 우리는 어떤 자료와 수단을 통해 그런 지식을 얻는가?

(1) 그리스도의 죽음과 관련해 이루어진 하나님

의 행동에 관해 우리는 무엇을 알 수 있는가? AD 30년 경에 예수라고 불리는 한 남자가 본디오 빌라도를 통해 십자가에 못 박혀 죽었다는 것은 잘 알려진 역사적 사실이지만, 그의 신적 성체성과 그가 당한 죽음의 의미에 관한 기독교적 신념은 그런 사실만으로 추론될 수 없는 지식이다. 그렇다면 그리스도인들은 십자가에 관해 어떤 지식을 더 알 수 있을까?

그것은 바로 믿음의 지식이다. 우리는 믿음으로 하나님이 그리스도 안에서 세상과 화목하셨다는 것을 안다. 그렇다면 믿음의 지식이란 어떤 종류의 지식일까? 그것은 하나님이 주시는 지식이자 그분을 내용으로 하는 지식이다. 그것은 성령께서 주시는 신적 현실에 관한 지식이자 하나님의 말씀을 통해 주어지는 지식이다. 이 지식을 가진 사람은 모두 한목소리로 "내가 맹인으로 있다가 지금 보는 그것이니이다"(요 9:25), "우리가 지금은 거울로 보는 것 같이 희미하나…지금은 내가 부분적으로 아나"(고전 13:12)라고 말한다. 이것은 실제적 지식이지만 아직 온전하지 않은 독특한 지식이요 큰 어둠의 영역을 배경으로 빛의 영역 안에서 식별할 수 있는 지식이다. 간단히 말해, 이것은 살아 역사하시는 하나님의 신비에 관한 지식이다.

여기에서 '신비'는 찰스 웨슬리가 작시한 찬송가에서 사용된 것과 같은 의미를 지닌다.

온통 신비로구나! 불멸하는 분이 죽으시다니!
그분의 기이한 계획을 누가 헤아릴 수 있으랴?
맨 먼저 태어난 스랍이 신적 사랑의 깊이를
알려고 노력하지만, 헛수고일 뿐이로다.[3]

'신비'의 전통적인 신학적 의미는, 우리에게 생소해서 우리의 이해력으로는 다 이해할 수 없는 현실, 곧 우리로서는 그런 일이 어떻게 가능한지 알지 못하지만, 실제적인 것으로 인정할 수밖에 없는 현실을 가리킨다. 따라서 우리는 그것을 불가해한 것으로 묘사한다. 창조 세상 속의 경이로운 것들에 감동된 기독교 형이상학자는 창조된 질서를 '형상'으로 간주한다. 이는 그 이상의 무엇이 존재한다는 것, 곧 그 안에 하나님에 관한 사실이 우리가 포착할 수 있는 것보다 더 많이 담겨 있다는 것을 의미한다. 그와 비슷하게 신학자들은 자기를 계시하셨고, 또 계시하고 계시는 하나님과 그분이 그리스도를 통해 이루신 화해와 구원의 사역에도 그

---

3. 편집주 : Charles Wesley, "And Can It Be, That I Should Gain?" (1738).

용어를 적용한다. 앞으로 알게 될 테지만, '신비'에 관한 이런 정의는 에베소 교인들이 "지식에 넘치는 그리스도의 사랑을 알게"(엡 3:18) 해달라고 말했던 바울의 기도에는 잘 들어맞을지 몰라도 그가 사용한 헬라어 '무스테리온'의 용법과는 완벽하게 일치하지 않는다(바울은 그 용어를 복음을 통해 이미 밝히 드러난 하나님의 구원 목적에 관한 비밀을 가리키는 용도로 사용했다). 신적 조명을 통해 지식을 뛰어넘는 것을 안다는 것은 하나님의 신비를 아는 것이 뜻하는 의미와 일맥상통한다. 이미 계시된 그리스도의 '비밀(신비)'은 피조물의 이해력을 넘어서는 불가해한 창조주의 '비밀'을 바라보게 만든다. 이것이 바로 바울이 "깊도다 하나님의 지혜와 지식의 풍성함이여, 그의 판단은 헤아리지 못할 것이며 그의 길은 찾지 못할 것이로다…이는 만물이 주에게서 나오고 주로 말미암고 주에게로 돌아감이라 그에게 영광이 세세에 있을지어다 아멘"(롬 11:33-36)이라고 탄복해 마지 않으면서 가장 풍성하고도 충만한 어조로 그리스도의 비밀을 묘사했던 이유였다. 바울은 예수님의 하나님이 곧 욥의 하나님이시고, 또 (자기와 같이) 하나님의 영감을 받아 일하는 가장 뛰어난 지혜를 지닌 신학자조차도 (마치 태양을 바라볼 때 그 광채 때문에 그것을 온전히 다 볼 수 없는 것처럼) 결국에는 그분이 이론으로 설명할 수 있는 것을 무한히 뛰어넘는 존재이시라는 사실을 인정하고 온전히 이해할 수 없는 존재 앞에 겸손히 엎드려 경배할 수밖에 없다는 깨달음을 전하려고 했다.

그렇게 정의된 의미에 따르면, 속죄는 신비, 곧 하나님의 전체적인 신비에 속하는 한 부분이다. 사실, 속죄만이 신비인 것은 아니다. 하나님의 현실이나 사역과 관련된 것들은 모두 다 예외 없이 신비에 해당한다. 구체적으로 말해, 영원한 삼위일체,

창조와 섭리와 은혜의 사역을 통해 나타나는 하나님의 주권, 예수 그리스도의 성육신과 승귀와 통치와 점점 가까워지고 있는 재림, 성경의 영감, 그리스도인들과 교회 안에서 이루어지는 성령의 사역 등, 모든 것이 십자가와 마찬가지로 우리의 이해력으로 온전히 알 수 없는 현실에 해당한다. 인간적인 비유들을 사용해 이런 현실을 묘사함으로써 신비의 차원을 제거하려고 시도하는 이론들은 십자가에 관한 합리주의적인 설명과 마찬가지로 우리의 불신을 살 수밖에 없을 것이다.

다시 강조하건대, 신비는 우리의 이해력을 넘어설 뿐 아니라 우리의 이론이나 문제나 확언이나 부인과 상관없이 그 자체로 존재하는 엄연한 현실이다. 그것이 신비인 이유는 우리와 같은 피조물은 그것을 오직 부분적으로만 알 수 있기 때문이다. 물론, 이런 말이 회의주의를 조장하는 것은 결코 아니다. 신적 현실에 관한 우리의 지식은 서로에 관한 우리의 지식과 마찬가지로 참된 개념들을 통해 표현된 진정한 지식이다. 그러나 신비는 하나님이 존재하고, 사역하시는 방식을 온전하게 설명할 수 있다는 주장을 이론화하는 합리주의에 대해서는 문을 굳게 닫아 잠근다. 물론, 우리의 신학 안에 해결되지 않은 문제들이 존재한다고 해서 그것이 꼭 우리의 생각이 진실하다거나 타당하다는 것을 반영하는 의미는 아니라는 점을 기억할 필요가 있다. 타당하지 않거나 사실이 아닌 이론들이 존재한다. 이론이란 어떤 것에 대한 관점을 의미한다(이 용어는 '바라보다'를 뜻하는 헬라어 '데오레인'에서 유래했다). 어떤 것을 바라보는 방식이 잘못되면 견해가 왜곡될 수밖에 없다. 왜곡된 견해는 항상 온갖 문제들로 가득하다. 그러나 단지 문제가 존재한다는 이유만으로 그 견해가 왜곡되었다고 말하기는 어렵다.

신학에서는 올바른 견해도 해결되지 않은 문제들을 수반한다. 문제가 없는 견해는 필시 합리주의적이고 환원주의적인 성격을 띨 것이다. 신학에서의 참된 견해는 속죄나 그 외의 다른 무엇에 관한 것이든 모두 한결같이 자신이 다루는 대상을 철두철미하게 설명하기에는 부적절하다고 느낄 것이 틀림없다. 그리스도인들이 믿음으로 아는 한 가지 사실은 그들이 오직 부분적으로만 알 뿐이라는 것이다.

이런 말 가운데 낯설거나 새로운 내용은 아무것도 없다. 이런 말은 기독교적 사상이 역사적으로 줄곧 인정해온 내용이다. 그러나 내가 이 말을 여기에서 지나치리만큼 열심히 되풀이하는 이유는 그것이 속죄의 교리에 충분히 엄격하게 적용되지 않은 적이 더러 있기 때문이다. 아울러, 여기에는 또한 항상 온전히 이해되지는 않는 방식으로 속죄의 교리를 다루는 언어학적 의미가 함축되어 있기도 하다. 나의 다음번 과제는 바로 이점을 밝히는 것이다.

인간의 지식과 사고는 말로 표현된다. 우리가 주목해야 할 것은 유일무이하고, 초월적인 하나님의 신비를 다루려고 시도할 때는 일상 언어를 확장하는 과정이 필요하다는 점이다. 예를 들어, 우리는 다음과 같은 식으로 말한다. 하나님은 여럿이면서 또한 한 분이시다. 하나님은 한 분 안에 삼위로 거하면서 사람들의 자유로운 행위를 관장하고 결정하신다. 그분은 지혜롭고, 선하고, 주권적이며, 신자들이 암이나 기아로 죽도록 허용하신다. 성자께서는 항상 우주를 유지하신다. 이 사실은 그분이 인간의 아이로 지내셨을 때도 전혀 변하지 않았다. 언뜻 생각하면, 이런 진술들은 터무니없게(무의미하거나 거짓처럼) 느껴진다. 그러나 그리스도인들은 그것들을 인간에게 적용하면 터무니없을지 몰라도 하나님과 관련해서는 조금도 거짓이 아니라고 믿는다. 그렇다면, 여기에 사용된 핵심 용어들은 일상적인 의미로 사용되지 않은 것이 분명하다. 언어의 기원과 성경의 영감에 관한 견해가 어떻든 상관없이(이 두 가지 문제는 최근에 선택의 범위가 축소되기보다 더 넓어지고 있는 것처럼 보인다), 우리가 사실들을 진술하고, 묘사할 때 사용하는 명사, 형용사, 동사들의 의미가 적어도 처음에는 우리 자신을 포함해 이 세상에 있는 사물들과 사람들을 아는 우리의 경험에 근거한다는 것은 논쟁의 여지가 없는 사실이다. 우리가 하나님에 관해 말할 때는 평범한 언어가 비범한 목적을 수행하는 수단으로 바뀐다. 그리스도인들은 기도나 찬양이나 복음 선포를 할 때면 마치 그렇게 하는 것이 자연스러운 일인 것처럼 언어를 쉽게 개작해 사용한다. 알프레드 에이어와 앤터니 플루와 같은 철학자들은 그런 진술들이 진정으

로 개인적인 의견을 뛰어넘는 현실에 대한 지식이
나 정보를 표현하고, 전달하는지에 대해 의구심을
표출했지만, 그들의 의구심은 이상하게도 편협하
고, 역설적인 것처럼 느껴진다.[4] 주목할 만한 사실
은 신적 비밀들을 표현하는 데 사용된 평범한 기독
교적 언어의 형태들이 마치 하나님에 관한 이해된
현실 그 자체로 스스로를 지탱해오기라도 한 것
처럼 처음부터 내재적인 논리적 기이함을 놀라울
정도로 일관되고, 안정되게 유지해왔다는 것이다.
십자가에 관한 언어도 이 점을 분명하게 보여주고
있다. 설교나 교리문답이나 변증의 성격을 띤 예전
과 찬송가와 문헌들 모두가 그리스도인들이 처음

4. A. J. Ayer, *Language, Truth and Logic* (London: Gollancz, 1936); Antony Flew, "Theology and Falsification," in *New Essays in Philosophical Theology*, ed. A. G. N. Flew and Alasdair MacIntyre (London: SCM, 1955), 96-130.

부터 그리스도의 죽음을 죗값을 치르기 위해 하나님께 바쳐진 희생 제사로 받아들이는 믿음으로 살았다는 사실을 분명하게 보여준다. 이런 사실은 그 내용이 아무리 미숙하고, 신화적으로 들렸거나(항상 그렇게 들렸을 것이 틀림없다), 교사들이 시도한 속죄론이 아무리 다양했거나, 특정한 기간, 특히 초창기에 십자가에 관한 진리를 실제로 신학화하는 작업이 아무리 적게 이루어졌더라도 조금도 달라지지 않았다.

지난 20년 동안, 기독교적 언어의 특징들에 관한 연구가 많이 진행되었다. 그와 관련해 분명하게 드러난 사실은 크게 두 가지다. 첫째, 과장되고 모순적이고 일관되지 않고 기이하게 들리는 그 특징들은 모두 삼위로 존재하시는 초월적인 창조주 하나님에 관한 기독교적 개념에서 유래했다. 그리스도인들은 하나님이 우리와 같은 피조물들을 속박하는 한계에 얽매이지 않으시는 존재라고 생각했다. 따라서 기독교적 언어도 성경의 선례를 따라 일반적인 한계에 얽매이지 않음으로써 이런 사실을 반영한다. 예를 들어, 칼빈은 "하나님은 사랑이심이라…사랑은 여기 있으니 우리가 하나님을 사랑한 것이 아니요 하나님이 우리를 사랑하사 우리 죄를 속하기 위하여 화목 제물로 그 아들을 보내셨음이라"(요일 4:8-10)라는 요한의 글을 읽고서 조금도 주저하지 않고 이렇게 말했다. "화목 제물(라틴어로 *'placatio,'* 헬라어로 '힐라스모스')이라는 용어는 매우 중요하다. 하나님은 우리를 사랑하셨던 바로 그 순간에도 우리를 적대시했지만(라틴어로 *'infensus'*), 말로 표현할 수 없는 방식으로(라틴어로 *'ineffabili quodam modo*) 그리스도 안에서 우리와 화목하셨다."[5] '말로 표현할 수 없는 방식으로'라는 칼빈의 문구에는 하나님의 신비가 우리의 이해를 초월한

45

다는 것을 인정하는 의미가 담겨 있다. 칼빈은 인간의 심리적 관점에서는 도저히 양립할 수 없는 사랑과 적대감이라는 이중적 태도를 하나님의 도덕적 영광의 일부로 간주했다. 이것은 합리주의를 표방하는 신학자들로서는 납득하기 힘든 정서다. 그러나 요한은 그것을 충분히 이해했다.

둘째, 기독교적 언어는 독특한 추상적인 그림 언어로 하나님의 이해된 신비를 말로 나타낸다. 이 말들은 성경의 경우처럼 서로 균형을 이루는 비유, 유비, 은유, 이미지로 구성된다(기독교적 언어는 성경의 언어를 통해 습득된 것이다). 그런 말들은 모두 하나님의 임재와 행동의 현실을 가리켜 그에 대한 앎과 반응을 자아낸다. 현재 이 언어가 어떻게 기능하는지에 관한 분석이 한창 진행 중이다. 물론, 아직도

---

5. John Calvin, *The Institutes of the Christian Religion* 2.17.

분명하게 밝혀야 할 것이 많이 남아 있지만, 이미 논의를 통해 큰 중요성을 지니는 하나의 확고한 결론이 도출되었다. 그것은 기독교적 표현의 언어 단위들이 현대 물리학의 사고 모형(thought models)처럼 일종의 '모형'이라는 인식이다.[6] 이러한 인식은 매우 중대한 의미를 갖는다. "모형 이론은 현대의 신학적 논리 안에서 유비론을 새롭게 복구한다… 유비는 모형 이론의 관점에서 해석되어야 하며 이를 거꾸로 해서는 안 된다."라는 존 매킨타이어의 말 속에 그것이 잘 드러나 있다.[7] 유비론은 토마스 아퀴나스에게서부터 시작된 것으로, 이것은 일상

---

6. 이런 말을 처음 한 사람은 이안 램지다. 그가 저술한 다음의 책을 참조하라. Ian T. Ramsey, *Religious Language* (London: SCM, 1957), *Models and Mystery* (Oxford: Oxford University Press, 1964), and *Christian Discourse* (Oxford: Oxford University Press, 1965).
7. John MacIntyre, *The Shape of Christology* (London: SCM, 1966), 63.

언어를 사용해 우리 인간과 공통점(인간은 그분의 형상으로 창조되었다)과 차이점(하나님은 무한한 창조주이시고, 인간은 유한한 피조물이다)을 지니고 계시는 하나님에 관해 이해하기 쉽게 말하는 방법을 보여주는 오래된 방법론이다.[8] 신학 모형(theological models)은 모두 물리학의 비기술적(非記述的) 모형들처럼 비유적 성격을 띤다. 다시 말해, 그것들은 목적을 지닌 비유, 곧 특별한 방식으로 기능하는 사고 모형으로 현실의 한 부분을 더 잘 알려진 다른 관점에서 생각하는 방법을 일깨워준다. 그것들은 하나님과 우리와의 관계에 대해 알려주며, 성령을 통해 그 관계 안에서 우리의 경험을 통합하고, 명확화하고, 강화할 수 있게 해준다.

---

8. Thomas Aquinas, *Summa Theologica* 1.13. See Ian T. Ramsey, *Words about God* (London: SCM, 1971), 36ff.

뮤지컬 〈요셉과 놀라운 총천연색 꿈의 옷(Joseph and the Amazing Technicolor Dreamcoat)〉의 마지막 노래는 "어떤 꿈이든 (지친 사람들에게 기쁨을) 일깨워 줄 수 있어."라고 노래한다.[9] 그렇다면 어떤 신학 모형이든 살아 계시는 하나님에 관한 지식을 제공할 수 있을까? 그리스도인들은 역사적으로 그렇게 생각해오지 않았다. 그들의 특유한 신학적 방법은 서투르게나 능숙하게 사용되었든, 일관되게나 일관되지 않게 사용되었든 상관없이 성경적 모형(biblical models)을 하나님이 허락하신 출발점으로 삼았다. 바꾸어 말해, 그들은 성경 저자들이 사용한 모형들을 자신들의 신앙 체계를 구축하는 토대로 삼았으며, 일차적인 모형들을 설명하기 위해

---

9. Robert Kolb, *Luther's Treatise On Christians Freedom and Its Legacy*(Lanham, MP: Lexington Press/Fortress Academics, 2019)

이차적인 모형들을 어디까지 발전시켜나가야 할 것인지를 규정하고, 제안하는 기준으로 활용했다. 물리학의 모형들이 현상들을 예측하고, 그 상호연관성을 밝히기 위해 경험적 증거가 제시하는 방향을 따라 확립된 가설들인 것처럼, 기독교의 신학적 모형들도 하나님, 곧 궁극적인 현실을 말하고, 알고, 이해하는 데 도움을 얻기 위해 확립된 설명적 개념들이다. 이런 견지에서 생각하면, 기독교 신학의 전체적인(성경 신학, 역사 신학, 조직 신학) 연구 분야는 위계적 체계를 갖춘 세 가지 차원의 모형들을 탐구하는 셈이다. 첫 번째 차원은 성경에 주어진 기준 모형들(하나님, 하나님의 아들, 하나님의 나라, 하나님의 말씀, 하나님의 사랑, 하나님의 영광, 그리스도의 몸, 칭의, 양자, 구속, 새 탄생 등)이다. 간단히 말하면, 키텔이 〈성경 원어 신학 사전(Wörberbuch)〉에서 분석한 개념들이 모두 여기에 포함된다. 두 번째 차원은 교회가 믿음을 옹호하고, 정의하기 위해 확립한 교의적 모형들(동일 본질, 삼위일체, 위격적 연합, 성령의 이중 발출, 성례, 초자연적 작용 등)이다. 간단히 말해, 교리서에서 다룬 모든 개념들이 여기에 해당한다. 세 번째 차원은 성경과 정의된 교리들 사이에 놓인 해석학적 모형들, 곧 특정한 신학자들이나 신학 학파들이 동시대인들에게 믿음을 설명하기 위해 고안한 모형들(형벌적 대리 속죄, 축자영감설, 신격화, 악을 '무das Nichtige'로 규정한 바르트의 이론 등)이다.

이런 용어들을 이용해 속죄나 신학에 관해 생각하면 많은 도움이 된다. 소시누스의 첫 번째 잘못은 하나님의 왕권에 관한 성경적인 모형들을 자기가 살았던 17세기의 군주 모형과 동일시한 것이었고(이 실수는 휴고 그로티우스에 의해 다시 되풀이되었다), 두 번째 잘못은 성경과 온전히 부합하지 않는 모형을 기준점으로 삼은 것이었으며, 세 번째 잘못은 하나님의 신비가 어떤 한 가지 모형에만(제아무리 뛰어난 모형이라고 할지라도) 국한되지 않는다는 점을 간과한 것이었다. 앞에서 이미 언급한 대로, 소시누스를 논박했던 일부 정통 신학자들도 그와 비슷한 방식으로 잘못을 저지르는 경향이 있었다. 하나님을 우리가 만든 개념 상자 속에 억지로 집어넣으려는 욕구는 늘 강하지만, 적절하게 억제되어야 마땅하다. 속죄에 관해 우리가 알 수 있는 지식이 단지 모형들을 통해서만 생각하고, 논의할 수 있는 신비에 속하고, 모든 설명과 노력을 다 기울인 뒤에도 여전히 신비로 남을 수밖에 없다는 점을 항상 기억해야만 합리주의의 함정에 빠지지 않고, 상당한 발전을 이룰 수 있을 것이다.

성경과 모형

(2) 이번에는 두 번째 질문을 생각해 보자. 이 질문에 대한 나의 대답은 앞에서 이미 암시되었다. 우리는 어떤 수단을 통해 우리에게 주어진 십자가의 신비에 관한 지식을 얻는가? 나의 대답은 성경에 주어진 교훈적인 사고 모형들, 곧 하나님이 진리로 가르치신 것들을 통해서라는 것이다. 다시 말해, 나는 성경의 영감설을 믿는 기독교의 주된 신념을 근거로 논의를 개진할 생각이다. 이것은 내가 다른 곳에서 옹호하려고 노력했던 신념이다.

　이 신념은 신구약 성경이 형식상으로는 선지자들과 사도들은 물론, 특히 예수님의 입을 통해 전해진 가르침으로 이루어졌고, 내용상으로는 하나님에 대한 인간의 증언과 하나님 자신에 관한 그분의 증언으로 이루어졌다는 이중적 속성을 지닌다는 것을 의미한다. 영감의 정점은 성육신, 곧 인격적인 하나님의 말씀이 육신이 되신 것이다. 우리가 세계사로 일컫는 시간과 공간의 연속선 위에서 다스리고, 심판하고, 구원하시는 하나님에 관한 다양한 믿음의 고백을 내용으로 하는 성경은 역사적, 교훈적, 예전적 문서들로 구성되어 있다. 그 모든 문서들이 하나님이 행하셨고, 행하고 계시고, 앞으로 행하실 일들을 다양한 방식으로 선포한다. 성경에 포함된 개개의 문서와 말씀들은 예수 그리스도와 그분의 말씀들처럼 특정한 역사적 상황 속에 근거하고 있다. 이것이 모든 기독교 계시의 특징이다. 이 때 특정한 역사적 상황 속에 근거한 말씀 안에서 모든 시대에 보편적으로 적용되는 하나님의 진리를 분별해 내는 것이 해석자들의 주된 임무다. 하나님이 오래전에 허락하신 말씀을 이해하고, 재적용함으로써 성경 저자들의 메시지와 (문법이 아닌 내용상으로) 서로 일치하는 지식을 발견하면, 그분의 지침이 무엇인지 알 수 있다. 그들의 생각을 거쳐야만 하나님의 생각을 들여다볼 수 있다. 그 이유는 하나님에 관한 그들의 가르침 안에 하나님이 오늘날 자기 자신에 관해 우리에게 하시려는 말씀이 담겨 있기 때문이다. 하나님은 성경이 처음 전달된 사람들에게 적용했던 말씀을 우리에게도 똑같이 적용하신다. 두 번째 적용의 세부 내용은 성경의 첫 번째 수신자들과 우리의 상황이 다르기 때문에 처음의 적용과 다를 수밖에 없지만, 적용된 진리의 원칙은 동일하다. 물론, 하나님의 말씀은 그 자체로 하나의 모형이지만 그것은 기준이 되는 모형이다. 그것은 언어적 수단을 통해 하나님과 우리의 생각이 소통되어 가르침을 받는 현실을 가리킨다. 우리는 그 가르침에 근거해 인위적인 가설이나 육감이 아닌 계시로 주어진 성경의 다른 모든 교훈적인 모형들을 분류하는 법을 알게 된다.

그렇다면 계시된 모형들은 어떻게 하나님의 가르침을 전하는 수단이 되는 것일까? 안타깝게도, 여기에서 성경적 사고의 모형 구조를 처음 주창한 이안 램지는 우리에게 실망을 안겨준다. 그는 이런 모형들이 어떻게 종교적인 '밝혀진 사실'을 촉발시켜 종교적 반응을 불러일으키는지를 설명했지만, 그것들이 표현하는 신념들을 신적 가르침과 동일시하는 대신에, 현실에 대한 직관으로서의 '밝혀진 사실'과 그 모형들이 전달하는 생각들의 관계를 넓게 열어두어 불분명하게 만들었다. 이는 그가 참된 직관과 거짓된 직관을 구별하는 판단의 기준을 확보하지 못했다는 뜻이다. 그는 때로 마치 '우주적인 밝혀진 사실'로 느껴지는 것들이 모두 참되고 자증적인 통찰을 전달하는 것인 양 말하지만, 예레미야와 에스겔이 질타했던 거짓 선지자들, 부처,

마호메트, 메리 베이거 에디, 열왕기상 22장의 미가야만 보아도 절대로 그렇지 않다는 것을 금세 알 수 있다. 아울러 램지는 모형들을 서로 연관시켜 일관된 신앙 체계를 발전시켜 나갈 수 있는 판단 기준마저 없는 것 같다. 그는 어디에서도 하나님이 말씀하셨다는 신적 말씀 모형(divine-speech model)이 의미하는 바를 고려한 흔적이 없다.

성경적 모형들이 어떻게 기능하는지에 대한 우리의 이해가 램지의 입장처럼 제한적이거나 느슨할 수밖에 없을까? 꼭 그렇지만은 않다. 하나님에 관한 성경의 증언이 고립되지 않고 서로 연관된 모형들의 논리를 가지고 있다는 인식은 현대의 해석학적 논쟁에서 발견되는 모든 견해와 양립가능하다. 이 논쟁의 중심에 두 가지 질문이 놓여 있다. 첫 번째는 "성경적 증언의 기준점과 주제가 단지 변화된 정신, 곧 '새로운 존재(the new being)'를 가리키느냐, 아니면 세계사라는 시간과 공간의 연속선 위에 존재했던 연대 추정 가능한 하나님의 구원 행위와 살아 있는 신성한 구원자('이곳'에서의 기독교적 삶 속에서 그분들의 변화시키는 능력은 그분들이 역사적 무대 위 그곳에 계셨다는 사실에서 비롯한다)를 주로 가리키느냐?"라는 질문이다. 만일 전자를 선택한다면, 성경 저자들이 전하려고 했던 모든 사실(fact)에 관한 정보는 하나님의 백성이 어떤 시기, 어떤 상황 속에서 어떤 특정한 방식으로 느끼고, 생각했다는 것이 전부일 따름이다. 그렇다면, 우리는 "과연 성경 저자들이 전하려고 했던 팩트(fact) 정보가 그것이 전부였을까?"라는 질문을 제기하지 않을 수 없다. 만일 이 질문에 대한 대답이 '아니다'라면, 이것에 동의하지 않는 근거를 제시해야 할 것이고, 만일 그 대답이 '그렇다'라면, 그리스도에 대한 성경 저자들의 증언 가운데 그토록 많은 부분이 그분에 관한 팩트 서사의 형태를 띠고 있는 이유를 설명해야 할 것이다. 그러나 만일 모든 건전한 이성적 사고가 동의하는 것처럼 보이는 후자를 선택한다면, "서사 가운데 얼마나 많은 사실 왜곡이 들어 있고, '거기에' 있었던 역사적 현실 가운데 얼마나 많은 추측과 육감과 공상이 개입했느냐?"라는 또 하나의 중요한 질문이 제기된다. 이처럼 복잡하고, 거창한 문제를 이 자리에서 다루기는 불가능하다. 따라서 나는 이런 논의와 관련해 성경 저자들이 "거기에" 있었던 구원자와 구원 사역으로 귀결되는 특정한 역사적 사건들(원칙적으로 시기를 추정할 수 있는 공적인 사건들)에 관해 올바른 정보를 제공한다는 것을 논의의 기초로 삼겠다고 선언하는 것으로 만족하고 싶다. 그런 사건들은 성경적 사고 모형들에 의해 제시되고, 설명되었다. 성경적인 사고 모형들은 계시된 모형들이다. 곧 하나님이 우리를 위해 행하신 일과 우리 안에서 하실 일을 올바로 이해하기 위한 사고 방법들을 하나님이 직접 우리에게 가르치셨다.

나는 또한 선지자들과 사도들의 말로 된 증언뿐 아니라 글로 된 증언에 영감을 주신 성령께서 지금도 여전히 그것을 통해 그리스도인들을 가르쳐 그들이 그 신적 속성과 그들에 대한 메시지와 그리스도 안에 있는 하나님의 임재와 능력에 대해 알게 하신다는 기초 위에서 논의를 진행시키고자 한다. 성령께서는 그런 식으로 역사 대대로 교회를 가르쳐 오셨기 때문에 오늘날 우리가 성경 말씀을 듣는다는 것은 대부분 과거에 확립된 신학적 체계를 다시 돌아보는 형태, 곧 기록된 말씀으로 그것을 시험하는 형태를 취할 수밖에 없다. 만일 성경에 근거했다고 주장하는 어떤 특정한 신학적 견해가 오랜 세월에 걸쳐 기독교적 헌신과 믿음과 사랑의 주된 역할을 담당해온 것으로 드러났다면, 우리는 그것을 무비판적으로 받아들이지는 않을지라도 그것이 대체로 옳다는 것을 발견하기를 바라며, 마땅히 그것을 존중하는 태도를 취할 것이다. 우리가 지금 해야 할 일은 종교개혁 시대에 새롭게 확립된 이후로 수많은 사람들의 삶에 막대한 영향을 미친 한 가지 역사적인 성경적 해석을 설명하고, 평가하는 것이다. 만일 그것이 전적으로 잘못된 것으로 드러난다면 매우 곤혹스러울 것이다.

이제 지루했지만 필요했던 방법론에 관한 사전 설명을 마치고, 우리의 주제를 직접 살펴보도록 하자.

대리 속죄

형벌적 대리 속죄에 관해 말해야 할 첫 번째 사실

은 이미 언급되었다. 그것은 예수님이 우리를 하나님께로 인도하기 위해 갈보리에서 행하신 사역에 초점을 맞춰 형성된 신학 모형으로 성경적 해석에 근거한다. 형벌적 대리 속죄에 관해 말하려면, 먼저 이 모형이 신적 행위를 극적이고, 선포적인 형태로 기술하고 있다는 점에서 니케아 공의회의 삼위일체 교리와 칼케돈 공의회의 그리스도의 인격에 관한 교리와 같은 방어적 형태의 모형들보다는 신적 승리라는 아울렌의 고전적인 개념과 훨씬 더 흡사하다는 점을 기억해야 한다(아울렌 자신은 이 점을 스스로 의식하지 못했다). 이 모형은 논리상 두 가지 단계로 이루어져 있다. 하나는 그리스도의 죽음이 대리적 성격을 띤다는 것이고, 다른 하나는 '형벌적'이라는 용어를 덧붙여 대리 속죄를 규정하고, 특정한 준거의 틀을 제공했다는 것이다. 이 두 단계를 하나씩 따로 살펴보면 다음과 같다.

첫 번째 단계는 그리스도의 죽음이 대리적 성격을 지닌다는 선언이다. 이것은 무슨 의미일까? 〈옥스퍼드 영어 사전〉은 '대리'를 '어떤 사람이나 어떤 사물로 다른 사람이나 다른 사물을 대체하는 것'으로 정의했다.[10] 오늘날의 그리스도인들에게서 발견되는 한 가지 이상한 점은 예수님의 죽음이 남을 통해 간접적으로 이루어지고(vicarious), 대표적인(representative) 성격을 띤다고 믿으면서도 그것이 대리적(substitutionary) 성격을 지닌다는 것은 부인하는 사람들이 많다는 것이다. 〈옥스퍼드 영어 사전〉은 이 두 용어를 똑같이 대리적 관점에서 정의하고 있다. '대표'(representation)는 '다른 어떤 사람이나 사물을 위해 행동할 수 있는 권한이나 권위를 가지고 그들을 대표하거나 대신하는 것, 곧 어

---

10. 편집주 : *Oxford English Dictionary*, s.v. "substitution."

떤 사람이나 사물로 다른 사람이나 사물을 대체하는(substitution) 것'을 의미한다고 설명되었다.[11] 그리고 '남을 통해 간접적으로 이루어지는'(vicarious)은 '다른 사람이나 사물의 자리를 차지하거나 보완하는 것, 곧 상응하는 사람이나 사물을 대신해 대체된 것'을 의미한다.[12] 따라서 이 두 용어는 구별될 뿐, 의미는 아무런 차이가 없다. 사실, 대리(substitution)는 어떤 사람이 다른 사람의 필요를 대신 채워주거나 그의 의무를 면제해주어 그가 더 이상 그 짐을 짊어지지 않아도 되는 상황이 벌어질 때마다 폭넓게 적용되는 개념에 해당한다. 판넨베르크는 이렇게 말했다. "대리(substitution)는 사회

---

11. 편집주 : 패커는 〈옥스퍼드 영어 사전〉을 인용하고 있는 것으로 보인다.
12. 편집주 : 패커는 〈옥스퍼드 영어 사전〉을 인용하고 있는 것으로 보인다.

생활 안에서 보편적으로 일어나는 현상이다…심지어는 직업의 구조, 즉 노동의 분화도 대리적 성격을 띤다. 직업을 가진 사람은 자기가 섬기는 사람들을 위해 그런 기능을 수행한다.""어떤 사람이 자기를 만족시키기 위해 이행하는 노동 행위 외에 섬김을 받는 사람의 필요를 인정하는 차원에서 이루어지는 노동 행위는 모두 대리적 성격을 띤다."[13] 이런 점에서, 바울과 함께 '그리스도께서 우리를 위하여 죽으셨다'(롬 5:8. 헬라어 '휘페르'는 '우리를 대신해, 우리의 유익을 위해'를 의미한다)라거나 "그리스도께서 우리를 위하여(휘페르) 저주를 받은 바 되사 율법의 저주에서 우리를 속량하셨으니"(갈 3:13)라고 말하기를 원하지 않는 사람들, 곧 "인자가 온 것

13. Wolfhart Pannenberg, *Jesus: God and Man*, trans. Lewis L. Wilkins and Duane A. Priebe (London: SCM, 1968), 268, 259.

은…자기 목숨을 많은 사람의 대속물로 주려 함이니라"(막 10:45. 여기에 사용된 헬라어 '안티'는 정확히 '-를 대신해, -와 교환으로'라는 뜻이다)라는 그리스도의 확신을 받아들이기를 거부하는 사람들은 그리스도의 죽음이 대리적 성격을 띤다고 선뜻 말하지 못할 것이 틀림없다. 만일 그리스도의 죽음이 남을 통해 간접적으로 행해지는(vicarious) 성격을 띤다고 말한다면 실제로는 대리의 의미로 말하고 있는 것이다.

물론, 사람들이 이 용어를 꺼리는 이유를 짐작하기는 조금도 어렵지 않다. 그 이유는 기독론에 언급된 대리 속죄가 형벌적 대리 속죄와 똑같은 의미이고, 다른 사람들도 그렇게 생각하고 있다는 사실을 그들 스스로가 이미 알고 있기 때문이다. 이런 사실은 F. W. 캠필드가 1948년에 묘사한 상황을 잘 설명해준다. 그는 이렇게 말했다.

견식 있는 기독교 진영 안에서 거의 당연시되는 한 가지 결론은 대리의 개념이 신학을 그릇된 방향으로 이끌었다는 것이다. 이제 '대리'라는 용어는 오해를 불러일으킬 그릇된 의미가 너무나도 많이 내포된 상태이기 때문에 속죄의 교리와 관련해 더는 사용해서는 안 된다. 물론, '자유주의' 신학이나 '현대' 신학은 대리의 개념을 일고의 가치도 없는 것으로 거부해 버린다. 심지어는 '긍정적이고,' '복음적'이라고 자부하며, 전통적인 위대한 속죄 교리들을 여전히 진지하게 논의하는 신학도 대체로 그 개념을 거부하는 경향이 있다. 그 이유는 이 용어가 불합리하고, 도덕적으로 용납하기가 어려워서가 아니라 비성경적이기 때문이다. 빈센트 테일러 박사는 '신약성경에 나타난 속죄의 개념'을 철저하게 살펴보고 나서 대리의 개념은 신약성경의 어디에도 들어설 자리가 없다고 결론지었다. 그는 사실상 그 개념이 신약성경의 근본적인 가르침과 정면으로 충돌할 뿐 아니라 심지어는 바울조차도 비록 이따금 대리의 개념을 극히 조심스레 개진하려고 하다가 결국에는 그렇게 하지 않았다고 주장했다. 대리의 개념을 복음적인 신학에서 배제하려는 빈센트 테일러 박사의 열망이 신약성경의 증언에 관한 그의 해석에 영향을 미쳤다는 인상을 외면하기는 어렵다. 그의 결론들은 현대 복음주의 진영 안에서 그런 경향이 존재한다는 것을 암시하는 강력한 증거가 아닐 수 없다. 그들은 대리의 개념이 복음적인 속죄 교리의 평판을 크게 훼손했다고 느낀다. 따라서 이 개념이 성경의 가르침을 오해한 데서 비롯했다는 말을 들으면 안도의 한숨이 절로 새어 나온다.[14]

그로부터 4반세기가 지난 오늘날에 와서 생각하면, 판넨베르크나 바르트와 같은 사람들이 대리의 개념을 강력하게 옹호하고 사용했다는 사실을 들어 캠필드가 묘사한 상황이 그다지 정확하지 못했다고 말할 수도 있을 테지만,[15] 영국 신학의 경우는 전반적으로 볼 때 여전히 캠필드가 묘사한 상황과 거의 흡사한 상태를 유지하고 있다. 그러나 만일 예수님의 죽음이 우리가 꼭 해야 하지만 할 수 없는 일을 우리를 위해 대신해준 것이라고 주장하는 모든 사람이 그분의 죽음이 대리적 성격을 띤다는 것에 기꺼이 동의하며, 단지 예수님이 우리를

---

14. F. W. Camfield, "The Idea of Substitution in the Doctrine of the Atonement," *Scottish Journal of Theology* 1 (1948): 282f. See Vincent Taylor, *The Atonement in New Testament Teaching* (London: Epworth, 1963).

15. Pannenberg, Jesus, 258-69; Karl Barth, *Church Dogmatics*, trans. G. W. Bromiley (Edinburgh: T&T Clark, 1956), 4:viif., 230ff., 550ff.

대신해 행하신 행동의 본질에 대해서, 그리고 우리가 그로부터 흘러나오는 유익을 얻는 방법에 대해서만 이견을 나타낸다면, 그것은 논의를 명확화할 것이다. 캠필드는 계속해서 속죄에 관한 비형벌적 견해를 상세하게 설명한다.

광범위하게 개괄할 때, 교회에서 그리스도의 죽음을 설명해온 방식은 크게 세 가지였다. 이 세 가지 유형의 설명에는 하나님의 본성과 죄로 인한 우리의 비참한 처지에 관한 특정한 견해가 반영되어 있을 뿐 아니라 하나님 쪽에서 우리를 받아들이시고, 우리 쪽에서 믿음과 사랑으로 반응하는 교제를 회복하려면 무엇이 필요한지를 밝힌 내용이 담겨 있다. 대리의 개념이 그런 유형의 설명들과 어떻게 조화를 이루는지를 알려면 그것들을 잠시 살펴봐야 할 필요가 있다.

첫 번째 유형의 설명은 우리에게 하나님의 사랑

을 나타내는 것이든, 하나님이 우리의 죄를 얼마나 미워하시는지를 일깨워주는 것이든, 우리에게 지고한 경건의 본보기를 제시하는 것이든, 우리가 따라가야 할 하나님을 향한 새로운 길을 개척하는 것이든, 그리스도의 구원적인 순종의 행위에 인간을 참여시켜 하나님의 생명이 우리 안으로 흘러들어 오게 하는 것이든, 또는 지금까지 말한 이 모든 것을 다 합친 것이든 상관없이 모두 한결같이 십자가를 전적으로 인간에게만 영향을 미치는 것으로 간주한다. 이런 설명에는 인간의 문제가 하나님께 나가려는 의지도 없고, 신적 생명을 받아들이려는 의향도 없다는 데 있다는 전제가 깔려 있다. 하나님과 올바른 관계를 맺기 위해 우리에게 필요한 것은 단 한 가지, 곧 우리 자신의 변화이고, 그리스도의 죽음은 그런 변화를 일으키기 위해서라는 것이다. 죄의 용서는 따로 분리된 문제가 아니다. 우리가 변화하면 그 즉시 용서받을 수 있는 상태가 되고, 즉각 용서가 주어진다는 것이다. 이런 견해는 그리스도께서 우리를 대신해 이루신 일과 그분이 우리에게 하시는 일을 동일시하기 때문에 대리의 개념이 조금도 들어설 여지가 없다.

두 번째 유형의 설명은 그리스도의 죽음을 주로 우리 밖에 존재하며, 우리를 속박하는 적대적인 영적 세력에 영향을 미치는 것으로 간주한다. 우리의 고질적인 도덕적 결함은 그 증상 가운데 하나다. 십자가는 다윗이 이스라엘의 전사가 되어 골리앗과 맞서 싸웠던 것처럼, 하나님이 우리의 전사가 되어 그런 세력과 맞서 싸우신 행위로 이해된다. 십자가를 통해 적대적인 세력들(죄와 죽음, 사탄과 그의 일당들, 사회와 그 구조 속에 도사리고 있는 악, 하나님의 진노와 저주 등)이 극복되고, 제거됨으로써 그리스도인들은 더 이상 그것들에 속박되지 않고, 그리스도의 승리에 동참한다. 이런 설명에는 인간이 처한 곤경이 하나님과 아무런 상관없이 전적으로 외부의 적대적인 세력들에 의해 생겨났다는 전제가 깔려 있다. 그러나 이 견해를 옹호하는 사람들은 예수님을 우리의 전사로 간주하면서도 여전히 그분을 우리의 대리자(substitute)로 일컬을 수 있다. 이는 골리앗의 도발을 회피했던 이스라엘 사람들이 다윗을 자신들의 대리자(substitute)로 간주했던 것과 같다(삼상 17:8-11). 자신의 행위에 다른 사람들을 포함시켜 마치 그들이 스스로 행동한 것처럼 여기게 만드는 대리자가 그들의 대표자인 것처럼, 자기가 대표하는 자들의 의무를 홀로 나서서 감당하는 대표자가 곧 그들의 대리자이다. 십자가에 대한 이런 식의 설명은 정복자 그리스도(그분의 승리로 우리의 자유가 확보되었다)께서 우리를 대표하는 대리자이셨다고 강조한다.

세 번째 유형의 설명은 다른 두 가지 유형의 설명이 제기한 견해 가운데 스스로가 완벽하다는 주장을 제외한 나머지는 아무것도 거부하지 않는다. 그런 설명들도 성경적 근거가 있는 것은 분명하지만, 세 번째 유형의 설명은 거기에서 한 걸음 더 나아간다. 이 설명은 인간이 죄와 사탄의 희생자가 된 까닭에 곤경에 처하게 되었다는 견해를 피력한다. 죄인인 인간은 하나님이 날마다 선한 은혜를 베푸시는데도 불구하고 신적 심판 아래 놓여 있고, 악에 속박된 인간의 상태는 그런 심판이 시작되었다는 증거다. 따라서 하나님의 거절에 직면한 인간이 하나님에게 받아들여질 획기적 계기가 없다면, 영원히 멸망하게 된다. 이 견해에 따르면, 그리스도의 죽음은 먼저 하나님께 영향을 미친다. 하나님은 그것을 통해 죄인과 화해하신다(좀 더 정확하게 말하면, 하나님은 자기 자신과 화해하신다). 십자가는 그런 영향을 미치기 때문에 어둠의 세력을 물리치고, 죄인을 찾아 구원을 베푸시는 하나님의 사랑을 밝히 드러낸다. 예수님은 자신의 죽음을 통해 서구인들이 '죄에 대한 보상'으로 일컫는 것을 하나님께 바치셨다. 이것은 하나님의 성품이 요구하는 보상으로 우리에 대한 그분의 '거절'을 '받아들임'으로 바꾸는 유일한 수단이다. 하나님을 향한 보상을 죽음 그 자체의 공로로 이해하든, 거룩한 순종을 완전하게 이룬 것으로 간주하든, 하나님께 버림받아 (죄에 대한 마지막 심판에 해당하는) 지옥의 고통을 겪은 것으로 생각하든, 지극한 긍휼을 통해 죄인들과 일체가되어 그들의 불행에 동참함으로써 인간의 죄를 완벽하게 고백한 것으로 여기든, 아니면 이 모든 것을 다 합친 것으로 간주하든 상관없이 이 세 번째 유형의 설명은 항상 똑같은 의미를 지닌다. 그것은 곧 예수님이 십자가를 통해 우리의 죄를 속량하셨고, 창조주 하나님의 분노를 진정시켜 우리에 대한 그분의 '거절'을 '받아들임'으로 바꾸어 우리를 구원하셨다는 것이다. 이 모든 형태의 설명은 예수님을 대리자로 일컫든 아니든, 사실상 그분을 우리를 대표하는 대리자로 간주한다. 그러나 그러한 견해 중 몇몇만이 그분의 대리 속죄를 '형벌적'으로 간주한다.

이런 분석을 통해 우리가 주목해야 할 점은 크게 세 가지다.

첫째, 앞의 두 가지 견해는 흔히 세 번째 견해와 대립하는 입장을 취하지만, 세 번째 견해는 그것들이 제기하는 모든 긍정적인 주장들을 그 안에 포함한다. 절반의 진리를 온전한 진리로 간주하거나 하나님의 거룩한 성품이 죄 용서의 근거로 요구하는 것을 부정하는 사변적 개념을 앞세워 그보다 더 포괄적인 설명을 거부하는 것이 과연 온당할까? 처음의 두 견해가 그런 점에서 그릇된 오해로 인해 스스로를 왜곡시켰을 가능성을 인정한다면, 십자가의 대리적 성격을 간파한 견해가 항상 주류 기독교의 견해였다는 점을 둘러싸고 많은 논쟁이 야기되어온 사실도 결국은 그 안에 유의미한 내용이 담겨 있다는 것을 보여주는 방증일 수 있다. 속죄를 다룬 책들이 역사적 논쟁의 장에 등장한 경쟁 이론들을 본질적으로 서로 배타적인 것으로 다루어야 하는 것처럼 묘사한 설명을 당연시할 때가 너무나도 많은 것은 참으로 안타까운 일이 아닐 수 없다. 그것은 항상 독단적이고, 크게 잘못될 때가 많다.

둘째, 우리의 분석은 그리스도의 죽음에 대한 견해를 분석하는 데 초점을 맞추었기 때문에 그분의 부활에 대해서는 아무런 언급도 하지 않았다. 세 가지 유형의 견해는 대부분 부활을 복음의 필수 요소로 인정한다. 복음은 의로움을 인정받은 살아 계시는 구원자를 선포한다. 새로운 인류의 첫 열매인 그분의 부활이 우리의 부활의 근거이자 유형이라는 것은 그런 견해들 사이에서 논쟁거리가 되지 않는다. 이따금 두 번째 견해가 예수님의 부활을 죽음의 세력에 대한 그분의 승리와 유기적인 관계를 맺고 있는 것으로 간주하는 데 비해, 세 번째 견해는 그렇지 않고, 그것을 죄의 형벌을 짊어지거나 그 사악함을 맛보고, 고백한 것과 유기적인 관계를 맺고 있는 것으로 간주한다는 지적이 있었다. 이를 근거로 세 번째 견해가 부활을 불필요한 것으로 만들었다는 비판이 종종 제기되었다. 그러나 이런 비판에 대해 두 가지로 대답할 수 있다. 첫 번째 대답은 그리스도의 구원 사역이 두 부분(즉 그리스도께서 성부 하나님에 대해서는 자기 자신을 우리를 대신해 우리의 죄를 보상하는 제물로 바쳤고, 우리에 대해서는 성부 하나님을 대신해 자신의 죽음으로 획득한 용서를 믿음을 통해 베푸셨다는 것)으로 이루어졌다는 것이다. 이 두 부분을 하나로 합치는 것도 이 두 부분을 구별하는 것만큼이나 중요하다. 두 번째 부분이 가능해진 이유는 첫 번째 부분이 완성되었기 때문이다. 두 번째 부분이 실제로 작용하려면 예수님이 부활이 반드시 필요하다. 따라서 그분의 사역은 전체적으로 유기적인 관계를 맺고 있는 것으로 보인다. 두 번째 대답은 십자가를 바라보는 이 두 가지 방식이 바울이 골로새서 2장 13-15절에서 밝힌 것처럼 십자가의 신비라는 하나의 복합적인 현실을 구성하는 다양한 요소들을 묘사한 상호보완적 모형들로 종합되어야 한다는 것이다.

셋째, 세 번째 유형의 설명을 지지하는 사람들이 모두 '대리'라는 용어를 사용하는 것을 달갑게 여기는 것은 아니다. 그 중 한 이유는 형벌을 대리로 감당하는 것이 불가능하다는 소시누스의 비판을 피하기 위해서고, 다른 하나는 그리스도께서 우리의 대리자로서 우리를 위해 죽으셨다면, 우리가 도덕적 차원에서 예수님의 거룩한 형상을 본받도록 변화되기 위해서는 예수님 안에서, 그분과 함께 죽었다가 다시 살아나야 한다고 가르치신 예수님의 가르침이 불분명해진다고 생각하기 때문이다. 예를 들어, P. T. 포사이스는 그리스도께서 인간을 구원하기 위해 자신의 고난으로 인간의 죄에 대한 하나님의 인격적인 분노를 감당하신 행위가 남을 통해 간접적으로 수행하는 성격을 띠고 있다는 점을 강조했지만,[16] 대리의 개념을 거부하고 대표의 개념을 선택했고, '대리적 속죄'를 (그런 표현이 우리가

---

16. "그분은 자신이 감당한 형벌을 자신이 드린 희생 제사로 바꾸어 놓으셨다. 그분이 드린 희생 제사는 그분이 받아들인 심판이었다. 그분의 수동적인 고난이 능동적인 순종, 곧 거룩한 심판에 대한 순종이 되었다." P. T. Forsyth, *The Work of Christ* (London: Hodder and Stoughton, 1910), 163

너무 조금 헌신되도록 내버려 둔다는 이유로) '연대 배상'과 '연대 죄 고백과 찬양'이라는 표현으로 대체했다. 그 이유는 우리가 죄에 대한 그리스도의 죽음과 하나가 되어 그분 안에서 새로운 인간으로 재창조되어야만 구원을 얻을 수 있다는 점을 강조하고 싶었기 때문이다.[17] 그러나 로마서 6장 1-11절의 내용을 강조하려는 포사이스의 노력은 높이 칭찬할 만하지만, '대리'라는 용어를 회피한 것은 로마서 3장 21-28절의 내용을 불분명하게 만드는 결과를 초래했다. 바울은 그곳에서 그리스도를 '하나님이 그의 피로 세우신 화목 제물'(3:25)로 묘사했고, 그 효력으로 인해 하나님이 믿음을 가진 죄인들에게 '의의 선물'(5:17)을 베풀어 '경건하지 아니한 자들

---

17. Forsyth, *Work of Christ*, 164, 182, 223, 225f. "Substitution does not take account of the moral results [of the cross] on the soul" (182).

을 의롭게'(4:5) 하셨다고 말했다. 제임스 데니는 이렇게 말했다. "만일 그리스도께서 죄로 인해 우리가 당하게 된 죽음을 대신 감당하셨다면, 즉 그분이 자기의 죽음으로 우리의 죄에 대한 책임을 짊어지셨다면, 그분을 우리의 대리자로 일컫는 것의 의미를 온전히 담아내지 못하는 용어는 그 무엇도 그것을 표현하기에 적합하지 않다."[18] 포사이스가 말한 대로 우리의 자기 부정과 십자가를 짊어지는 행위를 통해 '죄의 고백과 찬양'이 이루어지고, 그리스도의 죽음이 대표적 성격을 지녀 그런 행위의 본보기로 작용하려면, 먼저 그에 앞서 데니가 말한 대로 그분의 죽음이 우리의 죄에 대한 하나님의 진노를 대신 감당하는 대리적 성격을 지녀야만 한다.

---

18. James Denney, *The Death of Christ*, 2nd ed. (London: Hodder and Stoughtons, 1911), 73.

그렇지 않으면 그리스도와의 연대를 통해 이루어지는 우리의 '죄의 고백과 찬양' 자체가 하나님의 진노를 피하고자 하는 술책(바꾸어 말하면, 그런 행위 자체가 그리스도 안에서 우리가 스스로 우리 자신을 구원할 수 있다는 생각으로 죄 사함을 얻는 것을 목표로 하는 공로)이 될 수밖에 없다.

데니가 1903년에 제기한 이런 주장은 사실상 포사이스가 1910년에 제기한 주장을 미리 예견한 답변이었던 셈이다. 한 논평가는 데니의 《그리스도의 죽음》을 논평하면서 "바울의 견지에서 보면, 하나님의 눈에는 그리스도의 죽음이 그리스도께서 인류를 위해 행하신 행위라기보다는 인류가 그리스도 안에서 행하는 행위로 비친다는 점을 알 수 있을 것이다."라고 주장했다.[19] 데니는 《속죄와 현대

---

19. 편집주 : Denney, *The Death of Christ*, 9장을 참조하라.

정신(The Atonement and the Modern Mind)》이라는 책에서 이 말을 인용하고 나서 다음과 같은 설명을 덧붙였다.

바울은 그리스도께서 경건하지 않은 자들을 위해 죽으셨다는 것보다는 그리스도 안에서 불경건한 자들이 스스로 죽었다는 것을 더 많이 가르쳤다. 이는 '대표'의 개념과 '대리'의 개념이 대립할 때 전자의 논리를 표출한다. 대표자가 우리의 것이고, 우리가 그분 안에 있다면 우리는 대리의 개념으로 인해 야기되는 도덕적인 난제를 모두 극복할 것이다. 그 이유는 그분이 우리의 것이고 우리가 그분과 하나이기 때문이다. 그러나 근본적인 사실은 처음에는 그리스도께서 우리의 것이 아니셨고, 우리가 그분과 하나가 아니었다는 것이다…우리는 '그리스도 없는(Choris Christou)'

상태였다…대표자는 우리가 만들어낸 것이 아니라 우리에게 주어졌다. 우리는 대표자를 선택하지 않았다. 하나님이 오히려 우리를 선택하셨다. 그분은 우선적으로 대표자가 아닌 대리자이셨다.[20]

따라서 우리가 탐구 중인 견해에 관한 올바른 입장을 개진한다면, "우리가 그리스도와 연합해 죄의 행위와 맞서 싸울 수 있는 이유는 우리가 이미 우리 대신 죗값을 치르신 그분과 하나가 되었기 때문이다."라고 말할 수 있다. 우리가 생명 얻는 회개에 들어가는 것은 그분이 먼저 우리를 위해 죽음으로 죗값을 치르셨다는 사실을 깨달았기 때문이다. 지금 우리와 하나로 연합하신 그리스도께서는 그 이

---

20. Denney, *Death of Christ*, 304.

전에 십자가에서 우리의 화목 제물로 바쳐진 그리스도이시다. 우리가 그분 안에서 하나님과 화해를 이룬 것이 아니라 그분을 통해 완성된 구원 사역에 근거한 은혜를 거저 받았을 뿐이다(롬 5:10). 우리가 그분을 사랑하는 이유는 그분이 먼저 우리를 사랑해 우리에게 자기를 주셨기 때문이다. 따라서 이 견해에 따르면 대리는 기본적인 개념이다. 그리스도를 우리의 대표자로 간주하는 개념은 아무리 상세한 설명을 덧붙인다고 해도 대리의 의미를 대신할 수 없다. 그리스도와의 연대를 통한 '죄의 고백과 찬양'은 대리를 대체할 대안적 개념이 될 수 없다. 그것은 대리의 개념을 전제로 하는 반응에 지나지 않는다.

형벌적 대리 속죄

이번에는 우리가 구축하기를 원하는 모형의 두 번째 단계로 나아가서 대리를 규정하는 '형벌적'이라는 용어를 잠시 살펴보기로 하자. 램지가 일컬은 대로, 대리 속죄 모형은 이 '수식어구'를 첨가함으로써 도덕법, 양심의 가책, 보응적 정의의 영역 안에 놓이게 된다. 이 용어는 하나님이 우리의 죄를 용서하시고, 우리를 받아들여 호의를 베푸시는 이유는 우리가 우리의 행위를 고치려고 시도했기 때문이 아니라 우리가 담당해야 할 형벌이 그리스도께로 전가되었기 때문이라는 사상을 전달하기 위한 개념적 수단이다. '형벌적 대리 속죄'라는 문구는 우리 주 예수 그리스도께서 우리를 구원하는 데 필요한 일은 무엇이든 하겠다는 사랑의 마음으로 우리가 도저히 피할 수 없는 하나님의 무서운 심판을 온전히 감당함으로써 우리가 죄 사함을 받고, 하나님의 자녀가 되어 영광을 누릴 수 있는 길을 열어주셨다는 개념을 나타낸다. 형벌적 대리 속죄를 주장한다는 것은 신자들이 그리스도에게서 특별히 그런 은혜를 입었고, 그것이 그들이 현재는 물론, 앞으로 영원히 누리게 될 평화와 찬양과 기쁨의 원천이라고 말하는 것과 같다.

이런 일반적인 개념은 더할 나위 없이 분명하지만, 우리가 원하는 현재의 목표를 이루려면 그 의미를 좀 더 깊이 분석함과 동시에 방법론적인 선택을 해야 할 필요가 있다. 형벌적 대리 속죄에 대한 기존의 설명들을 그대로 제시하는 것이 좋을까, 아니면 우리 자신의 설명을 새롭게 제시하는 것이 좋을까? 나는 조금 색다르게 보이더라도 다음 몇 가지 이유에서 후자를 선택하고 싶다.

첫째, 형벌적 대리 속죄가 과거나 지금이나 이

따금 비평가들이 말하기 좋아하는 '조잡한'이라는 수식어구를 적용받을 만한 방식으로 제시되곤 한다는 것은 부인할 수 없는 사실이다. 이 교리는 무려 400년 이상 복음적 경건(로마 가톨릭교회는 이를 '대중적 경건'으로 일컬었다)의 원천으로 작용했기 때문에 익히 예상할 수 있는 대로 항상 신학적으로 엄격하게 다루어지지 않은 채 주로 종교적 헌신을 일깨우는 방식으로 그것을 제시하는 방법이 종종 사용되어 왔다. 더욱이 소시누스 이후로 그에 관한 신학적 설명이 한 가지 생각에 집중되는 경향이 더욱 강화되었다. 논쟁에 사로잡혀 관심의 폭이 심각하게 제한된 데다가 다른 사람들이 무시하거나 부인하는 십자가에 관한 가장 중요한 한 가지 진리를 선포하는 것에 몰두하여 "형벌적 대리 속죄 교리의 옹호자들은 그리스도께서 우리의 형벌을 대신 감당하셨다는 점을 지나치게 강조한 나머지 다른 것을 위해서는 아무런 여지를 남기지 않는 경향이 있었다. 그들은 이론상으로는 다른 설명들의 가치를 부인하지 않았지만 실제로는 그것들을 종종 무시했다."[21] 앞서 살펴본 대로, 17세기에 형벌적 대리 속죄와 관련해 좀 더 개념 형성에 중요하고, 영향력 있는 논의가 많이 이루어졌다. 그 당시는 개신교 성경 주해가 율법에 관한 자연 신학적 관점에 무비판적으로 물들어 있었으며, 그것이 그 후의 많은 주장들에 영향을 미쳤다. 이런 이유로 대표적인 이론이나 기준으로 삼을 만한 형벌적 대리 속죄에 관한 설명을 발견하기가 어려울 수도 있다. 따라서 위험을 무릅쓰고서라도 나의 분석을 한 번 시도해 본다면, 일이 좀 더 간단해질 것이 분명하다.

---

21. Leon Morris, *The Cross in the New Testament* (Exeter: Paternoster, 1965), 401.

둘째, 이미 암시한 대로, 나는 형벌적 대리 속죄를 속죄의 작용 원리라기보다는 그 의미를 제시하는 모형으로 평가하는 것이 중요하다고 생각한다. 합리주의를 추구하는 개신교 신학자들이 소시누스 이후부터 헤겔주의자들에 이르기까지 지난 3세기 동안 활동해 온 결과로, 기존의 사고 모형 안에서 하나님과 인간에 관한 문제들을 해결하는 방법을 결정하는 것이 신학 이론의 논리적 기능이라는 생각이 만연해졌다. 바꾸어 말하면, 신학 이론들은 추리 소설에 등장하는 탐정들의 이론과 같은 것으로 간주된다. 즉 그것들은 모든 난제를 해결하는 것을 목표로 아리송한 사실들을 일관되게 엮어 나가기 위한 가설들에 해당한다(잘 알다시피 탐정 소설은 마지막에 가서는 아무런 미스터리도 남지 않게 만드는 상투적인 형식을 취한다). 몇 가지 역사적인 이유 때문에 형벌적 대리 속죄는 그런 식의 이론처럼 설명될 때가 적지 않았다. 예를 들어, 어떻게 하나님의 사랑과 정의가 '조화를 이룰 수 있고,' 또 '조화를 이루었는지'를 밝히는 데 초점을 맞추곤 했다. 그러나 그런 식의 이해 방식이 성경적으로 옳은가에 대해서는 의문이 남을 수밖에 없다. 하나님의 속성들이 조화를 이루었다는 것이 성령의 영감을 받은 성경 저자들이 제공하고자 했던 정보였거나, 그 정보의 일부였을까? 구스타프 아울렌은 '승리자 그리스도(*Christus victor*)' 모티브를 속죄의 작용 원리가 아닌 속죄의 극적인 개념으로 규정했고, 그런 관점에서 그것을 '라틴 교회'의 견해와 대조했다(형벌적 대리 속죄는 라틴 교회의 견해 가운데 하나였다).[22] 그렇다면 속죄를 복음으로 선포했던 형벌적 대리 속죄도 아울렌의 정복자 개념과 똑같이 극적인 개념으로 이

---

22. Gustaf Aulén, *Christus Victor* (London: 1931), 175.

해되어야 마땅하지 않겠는가? 나는 그래야 한다고 생각한다. 형벌적 대리 속죄와 관련된 가장 중요한 문제는 하나님의 방법의 합리성이나 도덕성이 아닌 나의 죄의 용서다. 우리가 하나님 앞에서 죄를 지은 죄인이라는 깨달음과 우리가 심판을 받아 마땅하지만 십자가를 통해 우리가 받아야 할 형벌을 대신 감당함으로써 심판을 면할 수 있게 해주신 예수님이 곧 우리가 주님으로 영접해야 할 부활하신 그리스도시라는 깨달음을 연관시키는 것이 이 속죄 개념의 우선적인 기능이다. 이런 두 가지 깨달음이 서로 연관될 때 나타나는 효과는 하나님의 사역의 비밀을 '해결하거나' 해소하는 것이 아니라 그 사역을 정확하게 규명함으로써 믿음과 소망과 찬양과 예수 그리스도에 대한 사랑을 일깨우는 것이다. 따라서 나는 내가 제시할 형벌적 대리 속죄가 선포적 모형의 성격을 부각하는 것이 되기를 바란다. 나는 이 견해를 주장하는 사람들이 공통적으로 가진 생각을 묘사하고, 이 표현이 앞으로의 논의에서 어떻게 이해되어야 하는지를 규정하는 것을 목표로 삼아 나의 분석적인 정의를 제시하는 것이 최선이라고 생각한다.

셋째, 형벌적 대리 속죄를 논하는 것이 가치 있는 일이라면, 그것을 가장 바람직한 형태로 제시하는 것이 온당할 것이다. 나는 절충적인 설명이 그런 목적에 좀 더 가까이 다가갈 수 있게 해줄 것으로 생각한다. 우리의 주제에 관한 과거의 설명에 대한 현대의 대표적인 비판은 그것이 온전히 도덕적이지도 않고(소시누스의 비판), 온전히 인격적이지도 않다는 것이다. 예를 들어, G. W. H. 램프는 형벌적 대리 속죄가 "하나님이 보복적인 징벌을 가하신다."라는 의미를 내포하고 있다는 이유를 들어 그것을 거부했다.

보복은 비인격적이다. 그것은 범죄를 추상적으로 생각한다…순전한 보복적 정의를 하나님께 적용해서는 안 된다…인류의 아버지께서는 제재와 보복으로 자기 자녀들을 다루지 않으신다…범죄자를 교수형에 처하는 것은 사랑의 관점에서 보면 패배를 인정하는 것과 같다…이제는 형벌의 개념과 관련된 속죄론, 곧 하나님이 죄인들이나 그들을 대신하는 대리자를 십자가에 못 박아 죽이셔야 한다는 개념에 대해 아무런 충격도 느끼지 못하는 이론의 흔적들을 완전히 지워 없애야 할 때가 되었다. 이제는 보복의 하나님이라는 개념을 거부하는 것을 '감상적인 태도'로 일컫는 참람한 자들의 입을 막아야 할 때가 되었다.[23]

23. G. W. H. Lampe, "The Atonement: Law and Love," in *Soundings*, ed. A. R. Vidler (Cambridge: Cambridge University Press, 1962), 187ff.

램프의 격한 어조에 보복은 비인격적이며, 사랑이 없는 관계를 나타내고, 그런 점에서 형벌적 대리 속죄는 십자가를 욕되게 만든다는 그의 강한 확신이 잘 드러나 있다.

인격적인 관계(이것은 도덕적인 관계이다)와 법률적인 관계(이것은 비인격적이고, 외적이고, 독선적인 경향이 있는 관계이다)의 차이를 인식했던 제임스 데니도 램프의 생각과 비슷한 생각을 피력했다. 그는 이렇게 말했다.

'법정적'이거나 '법률적'이거나 '사법적인' 속죄의 교리를 가르친다는 이유로 비난을 받는 것보다 나를 더 놀라게 하는 것은 없다…이런 말들에서 표현하는 개념이야말로 내가 온 마음을 다해 배척하고 싶은 개념이다. 하나님과 인간의 관계가 법정적인 관계라고 말하는 것은 그 관계가 법률의 규제를 받는다고 말하는 것과 같다. 이는 법률을 어긴 것이 죄고, 죄인은 범죄자이며, 하나님은 죄인에게 법률을 해석하고, 적용해 판결을 내리신다는 뜻이다. 모두가 아는 대로, 이것은 진실을 왜곡한 것이다.[24]

대리의 개념을 옹호한 데니가 그리스도의 대리 속죄를 한 번도 '형벌적'으로 일컬은 적이 없다는 것은 주목할 만한 사실이다. 그의 상황을 고려하면 그것은 의도적인 회피였던 것이 분명하다. 그러나 데니는 다음 네 가지 진리를 확증했다. 첫째, "하나님과 인간의 관계는 인격적이지만…(도덕적인) 법에 의해 결정된다." 둘째, "죄는 완전하게 발현되면 치명적인 결과를 초래하기 때문에 사물의 본성 안에

---

24. Denney, *Death of Christ*, 271f.

는 죄에 맞서는 반응이 존재한다. 그 반응이 곧 죄
에 대한 신적 형벌이다. 죄의 삯은 사망이라는 성
경의 말씀에 담긴 의미가 바로 신적 형벌의 최종적
인 치명적 속성이다." 셋째, "악에 맞서는 신적 질
서의 불가피한 반응은…죄 자체가 다른 형태로 다
시 돌아와서 죄인을 찾아내는 것이다. 보복적이지
않으면 그것은 아무런 의미가 없다." 넷째, 그는 이
렇게 말했다.

예수님의 고뇌와 수난이 형벌적이라는 것은 그
분이 나쁜 양심을 지녔거나 개인적으로 신적 진
노의 대상이었다는 의미에서가 아니라 그분이
그 암울한 시간에 인류 안에 존재하는 죄에 대한
신적 거부감을 온전히 깨닫고, 그 모든 것을 감수
하지 않으면 죄로부터 인류를 구원하는 구원자
가 될 수 없다는 것을 아셨다는 의미에서다.[25]

내가 보기에 이런 확언들은 램프의 비난을 모두 피하기에 충분한 도덕성과 인격성을 지닌 속죄론을 형성할 수 있는 길을 분명하게 제시하는 것처럼 보인다. 그러나 그런 속죄 모형을 형성하는 것은 내가 해야 할 일이다.

따라서 지금부터는 다섯 가지 주제를 중심으로 형벌적 대리 속죄에 대한 나의 분석을 하나의 속죄론으로 제시하고자 한다. 다섯 가지 주제란 (1) 대리와 보응, (2) 대리와 연대, (3) 대리와 신비, (4) 대리와 구원, (5) 대리와 신적 사랑이다. 이 속죄론을 주장하는 사람들은 내가 그것을 정확하게 분석하고 있는지를 잘 판단해주기를 바란다.

---

25. James Denney, *The Christian Doctrine of Reconciliation* (London: Hod-der and Stoughton, 1917), 187, 214, 208, 273.

대리와 보응

형벌적 대리 속죄는 우리가 저지른 잘못과 실패에 대해 재판관이신 하나님이 '형벌(*poena*)'을 요구하신다는 것을 전제로 한다. 이에 대한 가장 대표적인 성경 구절은 로마서 1장 18절-3장 20절이지만, 그 개념은 신약성경 곳곳에서 발견된다. 이것은 사법적인 상황이기도 하고 도덕적인 상황이기도 하다. 인간의 사법 체계가 항상 도덕적인 현실에 근거하는 것은 아니지만, 성경은 도덕적인 현실의 세계와 신적 심판의 세계를 서로 일치하는 것으로 간주한다. 신적 심판이란 우리의 과거로 인해 현재와 미래의 삶에 보응이 뒤따르는 것을 의미한다. 하나님이 그 과정을 직접 주관하심으로써 우리가 과거에 저지른 객관적인 잘못과 죄책이 항상 '엄연한 현실'로 존재해 우리의 현재와 미래에 암울한 영향을 미친다는 것을 분명하게 보여주신다. 에밀 브루너는 "죄책은 결코 선하게 될 수 없는 우리의 과거가 항상 우리의 현재 상황의 구성 요소로서 존재한다는 것을 의미한다."라고 말했다.[26] 레이디 맥베스는 꿈속에서 걷고, 이야기하는 도중에 자신의 손에 피가 묻어 있는 것을 보지만 그것을 깨끗하게 하거나 유쾌하게 만들 수 없자 보응의 법칙이 존재한다는 사실을 인정하지 않을 수 없었다. 이는 비극 작가들과 사려 깊은 사람들을 비롯해 형벌적 대리 속죄를 믿는 사람들이라면 누구나 익히 알고 있는 사실이다. 다윗이 밧세바와 우리아에게 저지른 죄를 잊었던 것처럼, 그릇된 행위는 잠깐은 잊을 수 있을지 몰라도 다윗의 죄가 나단의 책망을 통해

26. Emil Brunner, *The Mediator*, trans. O. Wyon (London: Lutterworth, 1934), 443.

여실히 드러났듯이 조만간 머릿속에 다시 떠오르기 마련이다. 그 기억이 우리의 관심을 사로잡으면 평화와 기쁨은 온데간데없이 사라지고, 우리가 저지른 죗값을 치러야 하다는 목소리가 들려온다. 그런 생각이 들면서 하나님의 노기가 느껴지면 지옥이 열리기 시작한다. 이런 자각이 일어났을 때 형벌적 대리 속죄 모형을 적용하면 우리의 상황과 관련해 네 가지 사실을 깨달을 수 있다.

첫 번째 통찰은 하나님에 관한 것이다. 보응의 원리는 하나님의 제재를 말하며, 그분의 율법에 반영된 거룩함과 정의와 선을 나타낸다. 육체적 죽음뿐 아니라 영적인 죽음(몸의 생명뿐 아니라 하나님의 생명을 잃는 것)은 그분이 우리에게 선고하신 정당한 판결이다. 그분은 그 판결을 적용할 준비를 하고 계신다.

두 번째 통찰은 우리 자신에 관한 것이다. 그런

판결을 받은 우리는 과거를 원상태로 되돌리거나 죄를 떨쳐버릴 능력이 없기 때문에 우리를 위협하는 것을 피할 방법이 없다.

세 번째 통찰은 예수 그리스도에 관한 것이다. 하나님이요 사람이신 그리스도께서는 우리를 대신해 심판을 당하셨고, 우리에게 선고된 죽음의 모든 차원을 친히 경험하심으로써 우리가 용서와 사면을 받을 수 있는 토대를 마련하셨다.

> 그분이 어떤 고통을 감당하셔야 했는지
> 우리는 알지도 못하고, 말할 수도 없다.
> 그러나 우리는 그것이 우리를 위한 것이었다고
> 믿는다.
> 그분은 그곳에 매달려 고난을 받으셨다.[27]

네 번째 통찰은 믿음에 관한 것이다. 믿음은 우

리 자신에게서 눈을 떼어 그리스도와 그분의 십자가를 현재의 용서와 미래의 희망을 보장하는 유일한 근거로 바라보는 데 필요한 가장 중요한 수단이다. 믿음은 하나님의 요구가 그대로 남아 있고, 우리의 양심이 옳다고 생각하는 하나님의 보응의 법칙이 그분의 세계에서 작동을 멈춘 적이 없으며, 앞으로도 멈추지 않을 테지만, 우리의 경우에는 율법이 이미 적용되어 우리의 모든 죄, 곧 과거와 현재는 물론, 미래의 죄까지도 모두 갈보리로 인해 용서받았다는 것을 안다. 따라서 우리의 양심은 (비록 이상하게 들리더라도) 다른 사람의 인격과 죽음을 통해 우리의 죄가 이미 심판과 형벌을 받았다는 것을 알기에 평화를 누릴 수 있다. 번연의 《천로역

---

27. 편집주 : Cecil Frances Alexander, "There is a Green Hill Far Away" (1848).

정》에 등장하는 순례자는 십자가 앞에 자기의 짐을 내려놓았고, 토플라디는 이렇게 노래했다.

주님이 나 대신 기꺼이 하나님의 진노를 온전히
감당하사
나의 죄 사함을 보증하셨다면,
하나님은 피 흘려 희생하신 나의 보증인의 손에
서 한 번,
그리고 나의 손에서 또 한 번,
죗값을 두 번 요구할 수 없으시네.[28]

믿음은 이런 논리를 토대로 하나님의 값없는 의의 선물(곧 의인들이 누리는 하나님과의 올바른 관계)을 받아들이고(롬 5:16, 17), 자기를 위해 죽었다가 다시

---

28. 편집주 : Augustus Toplady, "Faith Reviving" (n.d.).

살아나신 분을 위해 사는 것이 의롭다 함을 받은 사람의 의무라는 것을 인지한다.

만일 이런 분석이 옳다면, '형벌적'이라는 용어가 우리의 모형 안에서 어떤 기능을 하는지 분명하게 알 수 있다. 그것은 죄책의 전가에 관한 이론적인 혼란을 불러일으키기보다는 오히려 신약성경의 관점에서 갈보리를 바라보며 "예수님은 내가 받아 마땅한 심판과 나의 죄에 대한 형벌과 내가 받아야 할 징벌을 감당하셨어. 그분은 나를 사랑하사 나를 위해 자기 자신을 버리셨어."(갈 2:20 참조)라고 말하지 않을 수 없는 신자들의 확신을 명료하게 대변한다. 그들은 그리스도께서 어떻게 사람이 되실 수 있는지도 알 수 없고, 그분이 어떻게 형벌을 대신 감당하실 수 있는지도 알 수 없지만, 그분이 그것을 감당하셨다고 확신하고, 거기에 모든 소망을 둔다.

대리와 연대

죄책은 전가될 수 없으며, 앞서 제시한 대리 속
죄가 사실이라면 부도덕한 일일 수밖에 없다는 합
리주의적인 비판이 제기될 가능성이 있기 때문에
이번에는 주 예수 그리스도를 둘째 아담이자 마지
막 아담으로 묘사한 바울의 말을 잠시 생각해볼 필
요가 있다. 아담이 우리를 자신의 죄에 연루시켰
던 것처럼, 그리스도께서는 죄책을 짊어진 자신의
행위에 우리를 참여시키셨다(고전 15:45-47, 롬 5:12-
14). 형벌적 대리 속죄를 가장 먼저 주창했던 루터
와 그 이후의 사람들은 그것이 존재론적인 연대 관
계에 근거하고 있다고 생각했고, 루터가 '놀라운
교환'으로 일컫고,[29] 모나 후커가 '그리스도 안에
서의 교환'으로 일컬은[30] 더 큰 신비의 한 부분으
로 간주했다. 이 신비와 관련된 요소는 크게 네 가

지다. 첫 번째 요소는 "하나님이 그 아들을 보내사 여자에게서 나게 하시고 율법 아래에 나게 하신 것은"(갈 4:4)이라는 말씀에서 알 수 있는 대로 하나님의 아들께서 성육신을 통해 인간의 상황 속에 들어오신 것이다. 두 번째 요소는 루터와 칼빈이 말한 대로 예수님이 우리와 하나가 되어[31] 십자가를 통해 우리를 자신의 죽음에 효과적으로 참여시키신 것이다. 바울은 "한 사람이 모든 사람을 대신하여 죽었은즉 모든 사람이 죽은 것이라"(고후 5:14)라고 말했다. 그리스도의 죽음에 참여하는 것은 법적인 허구, 곧 현실성이 없는 빈말이 아니라 그리

---

29. Martin Luther, *D. Martin Luther's Werke* (Weimar: H. Böhlau, 1883), 5:608.

30. Morna Hooker, "Interchange in Christ," *Journal of Theological Studies* 22 (1971): 349-361.

31. Martin Luther, *Galatians*, ed. Philip S. Watson (London: James Clarke, 1953), 269-271; Calvin, *Institutes* 2.17.

스도의 객관적인 사실의 일부, 곧 우리가 이해하든 이해하지 못하든 상관없이 엄연한 현실로 존재하는 비밀이다. 그리스도의 대리 속죄는 온전히 그분 혼자서 이루신 사역이라는 점에서 우리의 참여를 허용하지 않는 배타적인 성격을 띠고 있지만, 또 다른 관점에서 보면 존재론적이면서 객관적으로 존재하는 현실이다. 다시 말해, 그리스도께서는 시간과 공간의 한계를 초월하는 방식으로 우리를 자기의 죽음에 참여시키고, 그 죽음을 통해 부활에 이르게 하신다. 그리스도의 죽음이 우리의 죄를 대신 짊어진 죽음이라는 것을 알면, 우리가 그분 안에서 함께 죽었다가 다시 살아나 영원한 삶을 누릴 것을 알 수 있다. 그리스도를 믿는 우리는 그분이 우리를 대신해 공적으로 고통스럽게 죽으셨기 때문에 그분과의 연대를 통해 눈에 보이지 않는 방식으로 아무런 고통 없는 죽음을 경험했다. 그리스도께서 우리를 위해 죽으신 덕분에 우리가 아담 안에서 저지른 죄를 용서받았기 때문에 하나님에게 받아들여지게 되었고, 그분 안에서 우리도 함께 죽었기 때문에 아담 안에 있던 존재에서 해방되어 새 생명을 얻어 새로운 피조물이 되었다(롬 5, 6장, 고후 5:17, 21, 골 2:6-3:4). 이런 교환의 세 번째 요소는 하나님이 선물로 주신 성령과 믿음을 통해 우리가 '하나님의 의'가 되고, '부요한 자'가 되었다는 것이다. 다시 말해, 우리는 죄 사함을 통해 의롭다 함을 얻어 그리스도 안에서 그분과 함께 하나님의 후사가 되었다. 이는 그분이 성육신을 통해 우리를 대신해 '가난해지셨고,' 십자가를 통해 이루어진 형벌적 대리 속죄를 통해 '죄가 되셨기' 때문이다 (고후 5:21, 8:9). 네 번째 요소는 우리를 위해 죽기까지 낮아졌다가 높임을 받아 영광을 얻으신 예수 그리스도께서(빌 2:5-11) 다시 나타나서 '우리의 낮은

몸을 자기 영광의 몸의 형체와 같이 변하게 하신다는' 것이다(빌 3:21).

연대와 상호 교환이라는 이런 포괄적인 비밀과 관련해 '온전하게 하시는 이'(아르케고스, 히 2:10, 12:2)이신 그리스도께서 우리를 대신하는 '대리자'가 아닌 새 인류의 '대표자'이자 '첫 열매'로 지정되셨다는 주장이 이따금 제기된다.[32] 상호 교환의 핵심인 대리 속죄라는 특수한 비밀, 곧 그리스도께서 우리가 하나님께 버림을 당하거나 고난을 받거나 유기되는 일이 없게 할 목적으로 우리를 대신해 고난을 받으셨기 때문에 그분이 대리자로 불리셔야 마땅하다는 사실만 인정한다면, 상호 교환이

---

32. '대표자'에 관해서는 다음의 자료를 참조하라. Hooker, "Interchange in Christ," 358; G. W. H. Lampe, *Reconciliation in Christ* (London: Longmans, 1956) chap. 3. '첫 열매'에 관해서는 다음의 자료를 참조하라. D. F. H. Whiteley, The Theology of St. Paul (Oxford: Blackwell, 1964), 132ff.

라는 주제를 그리스도의 형상의 회복이라는 사실을 중심으로 살펴보아도 아무런 문제는 없을 것이다. 앞서 논의한 대로, 우리는 이미 그리스도의 죽음을 대리의 의미가 아닌 대표의 의미로 받아들여야 한다는 제안을 착오일 뿐 아니라 착오를 일으키는 것으로 거부한 바 있다. 그 이유는 그런 제안이 첫째로 우리가 우리를 위해 행동해 주시도록 그리스도를 선택했고, 둘째로 우리가 그분 안에서 경험하는 죽음은 그분이 우리를 위해 겪으신 죽음과 똑같으며, 셋째로 그리스도 안에서 죽음으로써 우리는 우리의 죄를 속한다는 의미를 내포하고 있기 때문이다. 이것은 모두 사실이 아니다. 그런 제안을 거부할 수밖에 없는 또 하나의 이유는 그리스도께서 십자가에서 감당하신 것이 하나님께 버림받음이라는 형벌적 심판이었다는 점을 간과하거나 무시하기 때문이다. 이를 적절한 말로 간단하게 표현하면, 십자가 위에서 마지막 아담으로서 우리를 대표하는 대표자가 되신 예수님은 심판 아래 있는 우리를 대신하는 형태를 취하셨다(우리는 마지막 아담이신 예수님의 형상을 지녀야 한다). 예수님은 하나님이 '우리 모두의 죄악을 담당시키신' '여호와의 고난받는 종'이시다(사 53:6 참조). 대표와 대리라는 두 가지 개념은 둘 중 하나를 선택하는 양자택일의 성격이 아닌 상호보완적 성격을 띤다. 두 가지 개념이 모두 필요하다.

대리와 신비

지금까지의 논의를 통해 분명하게 밝혀진 대로, 형벌적 대리 속죄를 옹호하는 사람들은 이 모형을 (열역학 법칙이 주전자의 물이 끓는 현상의 배후에 있는 것에 대한 설명적 분석을 제시하는 것과 같은) 그리스도의 속죄의 죽음의 배후에 높여 있는 것에 대한 설명적 분석이 아닌 속죄의 신비와 관련된 다양한 근본적 특징들에 주의를 기울이게 만드는 길잡이로 받아들인다. 앞서 말한 대로, 신약성경의 저자들은 그리스도의 속죄의 죽음을 인간이 온전히 이해할 수 없는 초월적인 신적 현실로 선언한다. 그런 특징 가운데 가장 두드러진 것은 속죄의 원천이라고 할 수 있는 신비로운 하나님의 사랑이다. 그리스도의 희생은 그런 신적 사랑을 보여주는 척도다(롬 5:8, 요일 4:8-10, 요 15:13 참조). 속죄의 신비로운 필연성은 로마서 8장 32절에 기록된 바울의 증언 안에 분명하게 드러나 있다. 그는 그곳에서 하나님이 자기 아들을 아끼지 않고 우리를 위해 죽음에 내주셨다고 말했다. 그 말인즉슨, 하나님은 그런 하나님이시기 때문에 스스로 어떠한 희생을 감수하시더라도 우리를 구원하지 않을 수가 없으셨다. 그리스도께서는 신비로운 연대를 통해 우리가 감당해야 할 책임을 전가받으셔서 '죄인'이 되어 우리 대신 우리의 죄를 위해 죽을 수 있게 되셨고, 우리는 그분의 순종 덕분에 믿음을 통해 하나님 앞에서 '의인'이 될 수 있게 되었다(롬 5:17-19, 고후 5:21). 연대의 방식 또한 신비롭기는 마찬가지다. 우리와 그리스도의 인격적 특성은 조금도 줄어들지 않은 상태로 그분과 우리가 하나가 된다. 우리는 예수님과 함께하는 죽음을 통해 부활의 생명에 이른다. 이런 신비를 인식하더라도 당혹스러울 것이 없다. 십자가는 하나님에 대한 신약성경의 증언 가운데서 핵심을 차지하기 때문에 다른 어떤 것보다 더 많은 신비의 차원을 간직하고 있을 수밖에 없다(이런 신비의 차원은 우리가 지금까지 열거한 것보다 더 많다. 그것을 모두 열거하면, 하나님의 사랑, 성육신, 하나님이 자기의 원수인 죄인들의 자유로운 행위를 예정하시는 것을 들 수 있다). "인간을 유익하게 하기 위한 하나님의 계획과 관련해 십자가는 어떤 의미를 지니는가?"라는 질문에 대한 성경의 답변은 명약관화하지만, 어떻게 그런 일이 가능할 수 있느냐고 묻는다면 온통 신비롭기 그지없을 뿐이다.

소시누스 이후로 합리주의적인 비판은 대리 속죄의 근거가 되는 연대의 개념과 용서의 근거가 되는 형벌적 보상의 개념을 끊임없이 의문시해 왔다. 그러나 그것은 인간이 할 수 없거나 요구하지 않을 일은 하나님도 하거나 요구하지 않으신다는 전제가 깔린 자연주의적인 비판에 지나지 않는다. 그런 비판은 심각하게 왜곡되었다. 구체적으로 말해, 그것은 창조주 하나님을 피조물인 인간 수준으로 축소하고, 신약성경이 분명하게 증언하는 복음의 역설적 성격을 간과한다(인간이 악인을 의롭다고 하는 것은 정의를 거스르는 것으로 하나님이 미워하시는 행위이지만, 하나님이 경건하지 않은 자를 의롭다고 하시는 것은 우리가 찬양해 마지않아야 할 은혜의 기적이다. 잠 17:15, 롬 4:5 참조). 자연주의적 신학에 맞서는 길은 인간을 하나님을 평가하는 기준으로 내세우는 환원주의적인 방식을 경계하는 것이다. 성경이 가르치는 대로, 창조주와 그분의 사역은 계시된 상태에서도 여전히 우리에게 신비로울 수밖에 없다(이 점을 지적하는 것이 신학에 사용되는 '초월적'이라는 용어가 수행해야 할 적절한 논리적 역할이다). 이성을 초월하는 것이라고 해서 반드시 이성을 거스르는 것은 아니다. 속죄와 관련해 소시누스의 비판에 적절하게 대응하는 방법은 십자가에 대한 인간의 이해가 성경적 증언에 주의를 기울여, 그것이 속죄에 관해 가르치는 것을 듣고, 반복하는 법을 배우는 것에서 비롯한다고 강력하게 주장하는 데서부터 시작한다. 사변적인 합리주의는 오로지 오해만을 낳을 뿐이다.

대리와 구원

지금까지의 분석은 형벌적 대리 속죄가 십자가를 이해하는 핵심이라고 주장하는 사람들의 신념을 잘 대변하고 있는 것처럼 보인다. 그러나 지금부터는 불확실성과 그에 따른 이견이 생겨날 가능성이 있다. 그리스도께서 우리를 대신해 하나님의 심판을 받아 형벌적 대리 속죄를 이루셨다는 사실이 우리와 하나님과의 관계가 회복될 수 있는 유일한 공로이자 근거이고, 그런 점에서 우리의 구원에 결정적인 영향을 미친다는 것이 모든 보수적인 개신교인들이 주장하는 종교개혁의 요지, 곧 로마 가톨릭교회의 견해와 대립하는 속죄의 교리다. 일상적인 상황에서 보면, 대리는 엄밀하면서도 한정적인 관계 안에서 다른 사람이 한 사람이나 그 이상의 사람들의 특정한 의무를 대신 짊어져 감당하는 것을 의미한다(기억할 만한 한 가지 예를 들면, 공습 때문에 정해진 모임에 참석할 수 없다고 이틀 전에 통고하고 나서 나중에 빌리 그레이엄이 나 대신 강연을 하기로 동의했다는 사실을 알게 되었던 경우다). 그렇다면 그리스도께서 십자가에서 우리를 위해 대신 죽으신 것을 그분과 개개의 죄인들과의 한정적인 일대일의 관계로 생각해야 옳지 않을까? 그것이 성경적인 견해인 것처럼 보인다. 그 이유는 바울이 "나를 사랑하사 나를 위하여 자기 자신을 버리신 하나님의 아들"(갈 2:20)이라고 말했기 때문이다. 그리스도께서 죄인인 내가 감당해야 할 형벌적 의무를 대신 감당하셨다면, 십자가가 유일한 공로의 근거로서뿐만 아니라 내가 믿음으로 나아올 것과, 그것을 통해 영생을 얻을 것을 보장하는 보증으로도 나의 구원에 결정적인 영향을 미친 것이 분명하지 않겠는가? 빌립보서 1장 29절과 요한복음 6장 44절에 확언되어 있고, 하나님의 부르심에 관한 바울의 증언과 중생에 관한 요한의 증언에[33] 암시되어 있는 대로 구원을 하나님이 주시는 은혜의 선물로 받아들이는 수단은 바로 믿음 아닌가? 만일 나를 대신해 죽은 그리스도께서 화해와 의를 이루어 그것을 내게 선물을 주셨다면, 그런 선물을 받아들이는 수단인 믿음까지도 그분이 나를 위해 죽으신 결과로서 내게 주어진 선물이어야 하지 않겠는가?

일단 여기까지 인정한다면, 그리스도께서 인류 전체를 구원하기 위해 죽으셨다는 보편적인 구원과 그 일부만을 구원하기 위해 죽으셨다는 제한적인 구원 가운데 하나를 선택하지 않으면 안 된다. 그러나 만일 우리가 이런 선택을 거부한다면 무엇

---

33. 롬 1:6, 7, 8:28, 30, 9:11, 24, 고전 1:9, 24, 26, 갈 1:15, 엡 4:4, 살전 2:12, 5:24, 살후 2:14, 딤후 1:9, 요 1:12-14, 4:3-15, 요일 5:1.

이 남게 될까? 그런 경우에는 하나님이 십자가를 통해 모든 사람을 구원할 의도를 품으셨지만, 일부 사람들은 악착같이 불신앙을 고집함으로써 그분의 계획을 좌절시켰다고밖에는 달리 말하기가 어렵게 된다. 그것은 곧 하나님이 어떤 점에서 우리는 물론, 그분 자신에게까지 결정적인 영향을 미치는 믿음을 가능하게 만드는 일만 하고, 그것을 유효하게 만드는 일은 우리에게 맡겨두셨다고 주장하는 것과 같다. 이런 입장을 취하는 사람은 '대리'라는 용어를 사용하는 것을 아예 포기하지 않는 한, 그것을 부정확한 표현으로 재정의할 수밖에 없을 것이다. 그런 사람은 사실상 그리스도의 대리 속죄가 그 어떤 사람의 구원도 보장하지 않는다고 주장하는 것과 다름없을 뿐 아니라 "하나님은 피 흘려 희생하신 나의 보증인의 손에서, 그리고 또 다시 나의 손에서, 죗값을 두 번 요구할 수 없으시

네."라는 토플라디의 입장도 포기하지 않으면 안 된다.[34] 그 이유는, 그들의 견해대로라면 그리스도께서 구원할 의도로 죄를 대신 짊어져 준 이들 가운데 일부는 궁극적으로 그들 스스로가 동일한 죄에 대한 죗값을 치를 것이기 때문이다. 따라서 만일 우리가 모든 사람에게 예외 없이 형벌적 대리 속죄가 적용된다고 확언하려면 보편 구원이라는 결론을 도출하거나 아니면 대리 속죄의 구원 효력이 아무에게도 적용되지 않는다고 추론할 수밖에 없을 것이다. 만일 우리가 형벌적 대리 속죄를 하나님의 효과적인 구원 행위로 인정하고자 한다면 보편 구원이라는 결론을 도출하거나 그런 결론을 피하기 위해 대리의 범위를 한정해 전부가 아닌 일부 사람에게만 대리 속죄가 적용된다고 추론할 수

---

34. 편집주 : Toplady, "Faith Reviving."

밖에 없을 터이다.

17세기에 일어난 아르미니우스 논쟁과 그 후에 나타난 보수적인 개혁주의 전통에 관해 잘 알고 있는 사람들은 이 모든 내용에 익숙하다. 다만 그것을 제시하는 방법만이 새로울 뿐이다. 나는 이 문제를 그리스도의 대리 속죄를 정의하는 문제로 부각시켜 그것을 우리가 탐구 중인 견해의 핵심 용어로 다루려고 시도했다. 이 용어의 현대적 용법은 지금 사용되는 방식 그대로지만, 이것은 불과 지난 한 세기를 거치면서 이루어진 변화다. 그 이전만 해도 보수적인 개신교 신자들은 모두 (최소한 영어권에서만큼은) 십자가의 교리를 다룰 때 '보상'(satisfaction)이라는 용어를 선호했다.

언뜻 생각하면 논쟁의 주안점이 순전히 언어상의 문제인 것처럼 보일 수 있지만, 실제로는 그 이상의 의미가 있다. 문제는 대리 속죄에는 구원이 필연적으로 따른다는 생각이 성경적인 신념에 해당하느냐 아니냐 하는 것이다. 신학적 모형으로서의 형벌적 대리 속죄는 성경적인 신념에 부합해야 한다. 이 문제에 대한 대답은 의심의 여지를 남기지 않는 듯하다. 신약성경의 저자들은 이런 형식으로 이 문제를 논의하지는 않았을 뿐 아니라 그들이 사용한 언어도 일단 이 문제에 대한 논의가 시작되었을 때는 항상 마땅히 그래야 하는 것만큼 신중하지도 않았지만, 그들은 사실 끊임없이 그리스도의 죽음이 구원받을 사람들의 구원을 확실하게 보장하는 하나님의 행위라는 점을 당연시했다. 그들은 속전, 구속, 화목, 희생, 승리와 같은 개념들을 사용했을 뿐 아니라 그리스도께서 십자가를 통해 자기에게 주어진 자들, 곧 자신의 양이자 친구인 교회(하나님의 백성)를 구원하는 것을 하나님의 목적으로 선언하셨다고 증언했으며, 그분이 하늘에서 행하시는 중보 사역과 사람들 안에서 행하시는 내적 사역을 그분이 죽음을 통해 그들을 위해 이루신 구원 사역의 결과로 거듭 묘사했고, 모두 한목소리로 믿음을 구원의 공로가 아닌 구원을 받는 수단으로 제시했다. 이 모든 특징은 하나의 방향을 분명하게 가리킨다. 바울은 로마서에서 그리스도께서 우리를 '위해(휘페르)' 죽으셨다는 신념을 두 차례나 언급했다. 지금 그리스도를 믿는 우리에게는 최종적인 축복이 보장되었다. 그는 로마서 5장 8, 9절에서는 "우리가 아직 죄인 되었을 때에 그리스도께서 우리를 위하여 죽으심으로…이제 우리가 그의 피로 말미암아 의롭다 하심을 받았으니 더욱 그로 말미암아 진노하심에서 구원을 받을 것이니"라고 말했고, 로마서 8장 32절에서는 "자기 아들을 아끼지 아니하시고 우리에게 내주신 이가 어찌 그 아들과 함께 모든 것을 우리에게 주시지 아니하겠느

나"라고 말했다. 더욱이, 바울과 요한은 하나님의 구원 사역을 일련의 연속성을 갖는 행위로 분명하게 묘사했다. 그리스도의 죽음은 선택의 목적을 이루면서 청교도들이 '구속의 적용'으로 일컫는 단계로 나아간다. 즉 하나님은 불신자들을 불러 자기에게로 이끌고, 죄 사함을 통해 그들을 의롭게 하고, 그들이 믿는 순간에 생명을 허락하고, 마지막에는 자기 앞에서 그들을 그리스도와 함께 영화롭게 하신다.[35] 바울과 요한은 신약성경 전체가 증언하는 대로 하나님이 복음 안에서 그리스도를 믿고, 부르는 모든 사람에게 생명과 구원을 약속하셨다고 주장했다(요 3:16, 롬 10:13). 이것이 그들에게 가장 중요한 진리였다. 그들의 글을 통해 드러난(요한의 경

---

35. 롬 8:28-39, 엡 1:3-14, 5:25-27, 요 6:37-45, 10:11-16, 27-29, 17:6-26.

우는 우리 주님의 입을 통해 직접 진술됨) 구원의 계획은 죄인들이 하나님의 약속에 반응하는 현상을 설명하고, 희망을 제시하는 논리적인 역할을 했다. 그리스도인들과 복음 전도자들은 하나님이 자기가 요구한 반응을 일깨우기로 작정하셨다는 사실을 알기 때문에 자신이 안전하게 보존될 것이고, 자신의 수고가 헛되지 않을 것이라고 확신할 수 있다. 바울과 요한은 십자가를 통해 그리스도의 구원이 만민에게 제시되었고, 믿음으로 반응해 하나님께 받아들여지고 영화롭게 되는 길이 열렸다고 분명하게 증언했다. 그런데 대체 무엇 때문에 이런 구원의 개념을 받아들이기 어려워하는 것인가?

아무튼, 형벌적 대리 속죄를 역사적으로 진술해 온 내용을 살펴보면, 생각의 혼선이 빚어진 경우도 더러 있었지만, 대개는 십자가가 구원을 가능하게 만든 결정적인 원인이 되었다는 사실을 높이 기리

려는 의도를 지니고 있었다는 사실이 분명하게 드
러난다.

대리 속죄와 하나님의 사랑

형벌적 대리 속죄는 인간을 사랑하지 않았던 사
나운 아버지를 친절한 아들이 잘 달래서 인간을 사
랑하도록 만들었다는 개념을 전한다는 비판이 제
기되어 왔다. 그러나 이 비판은 매우 부적절하다.
그 이유는 형벌적 대리 속죄가 성삼위 하나님의 사
역에 근거하기 때문이다. 성부와 성자의 동기와 의
도는 서로 조금도 다르지 않았다. 신약성경은 하
나님이 자기 아들을 죽음에 내줌으로써 인간에 대
한 지극한 사랑을 보여주셨다고 증언한다. "하나님
이 세상을 이처럼 사랑하사 독생자를 주셨으니"(요
3:16). "하나님은 사랑이심이라…사랑은 여기 있으

니 우리가 하나님을 사랑한 것이 아니요 하나님이 우리를 사랑하사 우리 죄를 속하기 위하여 화목 제물로 그 아들을 보내셨음이라"(요일 4:8-10). "우리가 아직 죄인 되었을 때에 그리스도께서 우리를 위하여 죽으심으로 하나님께서 우리에 대한 자기의 사랑을 확증하셨느니라"(롬 5:8). 이와 비슷하게 신약성경은 성자께서도 자발적으로 죽음을 받아들여 인간에 대한 지극한 사랑을 보여주셨다고 증언했다. "나를 사랑하사 나를 위하여 자기 자신을 버리신 하나님의 아들"(갈 2:20). "사람이 친구를 위하여 자기 목숨을 버리면 이보다 더 큰 사랑이 없나니 너희는 내가 명하는 대로 행하면 곧 나의 친구라"(요 15:13, 14). 이 두 가지 사랑, 곧 성부와 성자의 사랑은 하나다. 형벌적 대리 속죄는 이 점을 확실하게 파악하고 있다.

사랑의 참된 척도가 도움을 베풀기 위해 자기를

얼마나 낮게 낮추느냐에(곧 무엇이든 행하고, 감당하겠다는 겸손한 태도를 얼마나 많이 보여주느냐에) 달려 있다면, 형벌적 대리 속죄야말로 다른 어떤 속죄론보다 하나님의 사랑을 더욱 풍부하게 보여주는 속죄론이라고 말해야 온당할 것이다. 하나님이 기꺼이 자기를 낮춰 성자를 세상에 보내셨다는 사실을 형벌적 대리 속죄보다 더 명확하게 묘사한 속죄론은 어디에도 없다. 십자가의 죽음이 세상에 알려진 모든 사법적 처형 방식과 마찬가지로 육체적으로 더없이 고통스러운 범죄자의 죽음이었고, 예수님이 그런 형벌을 하나님과 사람 앞에서 자신의 무죄함을 분명하게 의식하는 상태로 자기가 사랑해 구원하려고 노력했던 바로 그 사람들로부터, 한편으로는 노골적인 악의에서 비롯된 것일 수도 있고, 다른 한편으로는 순전한 변덕에서 비롯된 것일 수도 있는 멸시와 배척을 당하셨다는 사실은 모든 속죄론의 공통된 근거다. 예수님은 자기를 형편없이 낮춰 십자가를 짊어지신 사랑을 보여주셨다. 그러나 형벌적 대리 속죄는 이 모든 것에 상상을 초월하는 고통의 차원을 추가한다. 이것과 비교하면 지금까지 말한 것들은 그야말로 아무것도 아니다. 이것은 데니가 지적한 차원이다. 그는 "그 암울한 시간에 그분은 인류의 죄에 대한 하나님의 진노를 온전히 감내하셔야 했다."라고 말했다.[36] 오웬은 심리적인 묘사 없이 다소 형식적이면서도 추상적인 어조로 다음과 같이 말했다.

그리스도께서는 자기가 대신 배상한 모든 사람의 죄를 위해 하나님의 정의를 만족시키셨다. 그분은 그들에게 부과된 책임 때문에 그들이 반드

---

36. 편집주 : Denney, *Christian Doctrine of Reconciliation*, 273.

시 겪어야 할 징벌과 똑같은 징벌을 당하셨다. 여기에서 '똑같은'이라는 말은 형벌의 지속 시간과 같은 가변적인 요소들이 모두 똑같지는 않을지라도 그 중압감과 압박감만큼은 본질적으로 동일했다는 뜻이다.[37]

조나단 에드워즈는 이런 개념을 좀 더 부드러우면서도 고귀한 감정이 느껴지는 어조로 다음과 같이 표현했다.

하나님은 그리스도에게 극도로 화가 난 것처럼, 곧 그분이 자신의 무서운 진노의 대상인 것처럼 그분을 대하셨다. 그것이 그리스도의 모든 고통

---

37. John Owen, *The Works of John Owen*, ed. William H. Goold (Lon-don: Banner of Truth, 1968), 10:269.

을 더욱 끔찍하게 만들었다. 그리스도의 고통은 그분이 무한히 사랑했고, 또 영원 속에서 자기에게 무한한 사랑을 베푸셨던 성부 하나님에게서 비롯한 것이었다. 더욱이, 하나님의 진노는 그리스도를 버리셔야 할 만큼 지대했다. 그로 인해 그리스도께서는 "나의 하나님, 나의 하나님 어찌하여 나를 버리셨나이까"라고 부르짖지 않을 수 없으셨다. 이것은 그리스도 자신에게 더할 나위 없이 끔찍한 일이 아닐 수 없었다. 그리스도께서는 성부의 영광을 알고 있었고, 그분을 무한히 사랑했으며, 자신이 그분의 사랑을 받을 만한 가치를 지니고 있다는 것을 느끼고, 또 경험했기 때문에 성부의 사랑에 관한 즐거운 생각들과 그 표현들이 중단되었다는 사실은 그야말로 더없이 끔찍했을 것이 틀림없다. 바꾸어 말해, 그것은 하나님의 탁월하심도 알지 못하고, 그분을 사랑하지도 않고, 무한히 감미로운 그분의 사랑을 한 번도 경험하지 못한 저주받은 자들을 향한 그분의 증오만큼이나 끔찍했다.[38]

'랍비 던컨'으로 알려진 존 던컨은 결코 잊을 수 없는 단 하나의 문장으로 이 모든 내용을 압축했다. 그는 자신의 강의 시간에 "갈보리가 무엇인지 아는가? 그것이 무엇인지, 무엇인지, 무엇인지 아는가?"라고 외친 것으로 유명하다. 그는 그렇게 묻고 나서 눈물을 흘리며 "그것은 저주였다. 그분은 그것을 받아들였다."라고 말했다.[39] 형벌적 대리 속죄는 바로 이 사랑에 관한 것이며, 그 사랑을 인

---

38. Jonathan Edwards, *The Works of Jonathan Edwards*, ed. E. Hickman (London: Banner of Truth, 1975), 2:575.
39. 편집주 : See Alexander Moody Stuart, *The Life of John Duncan* (London: Banner of Truth Trust, 1991).

정하는 사람들의 삶 속에서 능력으로 역사한다.

사실, 형벌적 대리 속죄를 가장 크게 위협할 잠재력을 지닌 비판은 소시누스가 아닌 맥러드 캠벨의 비판이다. 그는 하나님은 죄를 징벌해야 마땅했고, 긍휼을 베풀 필요가 전혀 없으셨다고 주장했다(물론, 하나님은 모두에게 긍휼을 베풀지 않으신다). 이 견해의 주창자들은 하나님의 사랑을 그분의 성품과 무관한 임의의 결정으로 축소할 뿐 아니라 심지어는 하나님이 우리를 축복하실 때조차도 그분을 수수께끼와 같은 존재, 곧 '알지 못하는 신'으로 만들어 버린다.[40] 캠벨이 겨냥한 비판의 실제 대상은 하나님의 인격에 관한 스코틀랜드 신학자들의 견해였다. 옳든 그르든 그는 개혁주의 신학자들이 그

---

40. J. Mcleod Campbell, *The Nature of the Atonement*, 4th ed. (London: Macmillan, 1873), 55.

런 견해를 지니고 있다고 생각했다. 그러나 이 강연의 견지에서 보면, 캠벨의 비판은 현실적이지 않다. 그 이유는 성경이 그리스도의 죽음을 하나님의 백성을 위한 형벌적 대리 속죄로 가르칠 뿐 아니라 죄인들을 향한 그분의 사랑을 드러낸다고 증언하고 있기 때문이다. 더욱이 성경은 그리스도께서 성부의 형상이시기 때문에 성자의 사랑에 관한 지식은 모두 성부의 사랑에 관한 지식이기도 하다고 선언한다. 그러나 만일 캠벨의 비판이 받아들여진다면 치명적일 것이다. 왜냐하면 속죄의 성격을 구속하는 사랑을 보여주는 계시로 강조하지 않는 이론들은 모두 자가당착에 빠질 것이기 때문이다.

이제 형벌적 대리 속죄라는 복음적인 교리를 구성하는 요소들과 그것이 수행하는 역할이 모두 제시되었다고 생각된다. 이 교리는 인격적인 종교의 기본이 되는 십자가에 관한 진리를 총망라하고 있다. 따라서 이를 인격적인 표현을 빌려 진술하면 다음과 같다.

1) 데니의 표현을 빌리면, 하나님은 '아무것도 그냥 넘기지 않고,' 모든 죄에 대해 합당한 심판을 내리신다. 이는 성경도 확언하고, 나의 양심도 옳다고 생각하는 사실이다.[41]

2) 나의 죄는 궁극적인 형벌적 고난을 받고, 하나님의 앞에서 쫓겨남을 당해야 마땅하다(이것도 양심이 인정하는 사실이다). 나의 행위는 단 하나의 죄도 지워 없앨 수 없다.

3) 나의 죄에 대한 형벌은 무엇이 되었든 하나님의 아들이신 예수 그리스도께서 십자가의 죽

---

41. 편집주 : Leon Morris, *The Apostolic Preaching of the Cross* (Grand Rapids, MI: Eerdmans, 1980), 302를 보라.

음을 통해 모두 감당하셨다.

4) 따라서 나는 그분을 믿는 믿음으로 '그 안에서 하나님의 의'(고후 5:21)가 되었다. 이는 내가 의롭다 함을 받았다는 뜻이다. 용서, 인정, 양자가 나에게 모두 이루어졌다.

5) 나를 위한 그리스도의 죽음이 하나님 앞에서 나의 유일한 소망의 근거다. "만일 그분이 정의를 충족시키지 않으셨다면 내가 충족시켜야만 하고, 그분이 진노를 감당하지 않으셨다면 내가 감당해야만 한다."[42]

6) 그리스도를 믿는 나의 믿음은 하나님이 내게 주신 선물이다. 그것이 내게 주어진 것은 그리스도의 죽으심 덕분이다. 다시 말해, 그것은 십자가를 통해 확보되었다.

---

42. Owen, *Works*, 10:284.

7) 나를 위한 그리스도의 죽음은 내가 끝까지 보
   전되어 영광에 이를 것을 보장한다.

8) 나를 위한 그리스도의 죽음은 나를 향한 성부
   와 성자의 사랑을 보여주는 척도이자 증거다.

9) 나를 위한 그리스도의 죽음은 하나님을 신뢰
   하고, 예배하고, 사랑하고, 섬기도록 나를 고
   무한다.

따라서 이 모형에 따르면, 십자가가 무엇을 이루
었고, 또 이루는지를 알 수 있다.

결론 : 십자가에 관한 성경의 증언

결론을 내리기 위하여, 성경 전체의 증언과 형벌적 대리 속죄론과의 관계에 관한 일반적인 질문 두 가지를 간단하게 살펴봐야 할 필요가 있다.

(1) 이 속죄 모형의 내용과 기능이 신약성경이 가르치는 믿음과 종교와 모순되는가? 이따금 제기되는 것처럼, 이 속죄 모형은 하나님을 비하하거나 도덕적으로 용납하기 어려운 내용을 지니고 있는가? 지금까지 논의해온 대로라면 전혀 그렇지 않다는 것을 알 수 있다. 우리의 논의는 시간 낭비가 아니었다. 속죄에 관한 성경의 증언을 다루는 과정에서 편견이 종종 작용했으며, 그로 인해 십자가에 관한 성경의 가르침에서 대리의 개념이 필수 불가결한 요소라는 증거가 매우 강하게 드러났는데도 불구하고, 그 사실을 인정하기를 꺼리는 성향이 생

겨났다.

(2) 이 속죄 모형이 진정으로 성경에 근거하고 있는가? 이 점에 대해서는 몇 가지 요점을 간단하게 밝혀야 할 필요가 있다.

첫째, 루터가 생각한 대로, 신약 성경이 이런저런 방식으로 다루고 있는 가장 핵심적인 문제는 다름 아닌 현세와 내세에서 이루어지는 우리와 창조주 하나님과의 관계에 관한 문제다. 문제는 우리 같이 연약하고, 왜곡되고, 소외되고, 죄책이 있는 죄인들이 어떻게 하나님의 은혜로운 용서와 받아주심과 갱생에 관한 지식을 얻고, 소중하게 지킬 수 있느냐 하는 것이다. 그리스도께서 바로 이 문제에 대한 대답이시다. 십자가에 관한 신약성경의 가르침 전체가 이 대답을 제시한다.

둘째, 많은 사람이 역사 대대로 형벌적 대리 속죄를 옹호해온 이유는 그것이 성경의 가르침이라고 확신했기 때문이다. 심지어는 이런저런 이유로 다른 견해를 취하는 학자들조차도 형벌적 대리의 개념으로 이해하는 것이 가장 자연스럽게 느껴지는 성경 구절들이 존재한다는 사실을 종종 인정한다. 대표적인 사례를 몇 가지 들면, 이사야서 53장, 갈라디아서 3장 13절, 고린도후서 5장 15절, 베드로전서 3장 18절과 같은 구절들이다. 이밖에도 이런 구절들과 유사한 구절들이 많다.

셋째, 우리에게 익숙한 몇 가지 해석을 인정하면 대리 속죄의 개념이 약화되는 결과가 초래된다. 예를 들어, 하나님의 진노에 관한 비인격적인 개념과 '힐라스코마이(진정시키다, 화해시키다, 속죄하다)'라는 용어에 관한 비속죄적 이해를 주장하는 논증이나 구약성경에 나오는 피 흘림의 희생 제사를 속죄를 위해 생명을 죽여 없애는 것이 아니라 오히려 생명력을 제공해 활기를 북돋아 주기 위한 것으로 해석하는 논증은 이전 세대의 성경 연구가들이 이해했던 특정한 성경 구절들의 의미를 전혀 다르게 해석하는 결과를 초래할 수밖에 없다. 그러나 오랫동안 존중되어 온 견해가 결국 참된 견해라는 주장은 다투어 볼 만한 것이 분명하다.

넷째, 형벌적 대리 속죄가 십자가에 관한 신약성경의 증언에서 필수적인 역할을 한다고 주장하는 학자들이 적지 않다. 제임스 데니와 레온 모리스의 탁월한 기여는 이미 언급한 바 있다. 비단 그들만이 그렇게 주장한 것은 아니다. 이 점을 좀 더 분명하게 보여주기 위해 A. M. 헌터 교수의 글을 추가로 인용하고 싶다. 인용한 글이 스스로 말하도록 별도의 설명은 덧붙이지 않겠다.

첫 번째 인용문은 공관복음서에 나타난 예수님의 가르침에 관한 것이다. 헌터는 "'보상'이나 '대리'나 '희생의 원리'라는 개념을 다루거나 사용하

143

는" 속죄론들을 언급하고 나서 이렇게 덧붙였다.

예수님의 가르침은 이런 속죄 모형에 가장 잘 부
합하는 것처럼 보인다. 예수님이 자신의 죽음을
'많은 사람'을 대표하는 희생으로 간주하셨다는
것은 의심의 여지가 없는 사실이다. 그분의 생각
은 이사야서 53장(대표적인 희생의 교리)으로 가득
차 있었고, 잔에 대한 그분의 말씀은 물론, 최후
의 만찬에 관한 내용 전체가 그분을 믿는 사람들
이 공유할 수 있는 희생의 공로라는 관점에서 이
해되기를 요구하고 있다. 이사야서 53장에 뚜렷
하게 나타난 대리의 개념이 대속물에 관한 말씀
에 분명하게 드러나 있다. 조금만 생각해 보아도
'잔'과 관련된 말씀, 겟세마네에서의 고뇌, 버림
받음으로 인한 울부짖음과 같은 내용에서 그리
스도의 고난이 '형벌적'(이보다 더 나은 표현은 찾기가

어렵다)이라고 일컬을 수밖에 없는 고난이었다는
증거를 발견할 수 있다.[43]

두 번째 인용문은 속죄의 방법에 관한 바울의 가
르침 가운데서 가장 대표적인 구절로 흔히 인정되
는 고린도후서 5장 21절과 갈라디아서 3장 13절
에 관한 설명이다. 헌터는 이렇게 말했다.

바울은 우리를 대신해 십자가에 못 박히신 그리
스도께서 희생양처럼 죄를 온전히 짊어지셨다고
말했다. "하나님이 죄를 알지도 못하신 이를 우
리를 대신하여 죄로 삼으신 것은 우리로 하여금
그 안에서 하나님의 의가 되게 하려 하심이라."

---

43. A. M. Hunter, *The Works and Words of Jesus* (London: SCM, 1950), 100.

바울은 십자가를 죄 없으신 분이 죄인들을 위해 죄에 대한 신적 반응의 공포를 경험하심으로써 더 이상 정죄가 없게 하신 하나님의 행위로 이해했다. 갈라디아서 3장 13절도 그와 똑같은 개념을 전한다. "그리스도께서 우리를 위하여 저주를 받은 바 되사 율법의 저주에서 우리를 속량하셨으니." 여기에서 잠시 설명을 덧붙이면 이렇다. 바울은 "그리스도께서 우리를 위하여 저주를 받은 바 되사"라고 번역된 대로 과거분사를 사용해 구속의 방법을 설명함으로써 "그리스도께서 어떻게 우리를 구속하셨는가?"라는 물음에 대답했다. 저주는 죄에 대한 신적 정죄, 곧 죽음의 형벌을 의미한다. 우리는 이 저주 아래 놓여 있었지만, 그리스도께서 십자가를 통해 죄인들에게 곧 닥칠 죽음의 운명을 스스로 받아들이셨고, 그분의 행위를 통해 저주가 사라져 우리가 자유롭게 되었다. 이런 구절들은 하나님의 거룩하신 사랑으로 인해 인간의 죄가 십자가에서 심각한 문제로 다루어졌다는 것을 보여준다. 그리스도께서는 하나님의 정하심에 따라 죄인의 죽음을 감당함으로써 죄를 제거하셨다. 그리스도께서 우리의 죄를 짊어지셨다는 말보다 더 간단하게 말할 방법이 또 있을까? 요즘에는 그리스도의 고난을 '형벌적'으로 일컫거나 그분을 우리의 '대리자'로 부르는 것을 좋아하지 않는다. 그러나 과연 이런 용어들을 사용하지 않고서도 속죄에 관한 바울의 견해를 적절하게 묘사할 수 있을까?[44]

과연 그럴 수 있을까? 만일 그럴 수 없다면 어떤

---

44. A. M. Hunter, *Interpreting Paul's Gospel* (London: SCM, 1954), 31f.

결론이 유도되는가? 형벌적 대리 속죄가 개입할 수 없는 속죄론을 주장하는 것이 과연 온당할까? 형벌적 대리 속죄가 문제의 핵심인지 아닌지를 재고해야 마땅하지 않을까? 이것이 이 강연을 통해 이루어진 개괄적인 분석을 통해 제기된 질문들 가운데 하나다. 앞으로 이런 질문들이 마땅히 받아야 할 관심을 받게 되었으면 좋겠다.